LD、ADHD、アスペルガー、高機能自閉症児

「ちょっと気になる子ども」の理解、援助、保育

別府悦子

もくじ

第二章……**子どもは変わる——それを生みだす実践**——57

本書は、
『ちいさいなかま』二〇〇五年四月号から二〇〇六年三月号までに連載された
「LD、ADHD、高機能自閉症児の発達と援助」をまとめて加筆したものです。

プロローグ

ちょっと気になる子どもの理解

太鼓を壊したAくん

私は、教育委員会の仕事で小中学校から依頼され、学校現場へ相談に出向くことがあります。ある中学校に行ったときのことです。

学校には不登校やいじめなどの問題に対応するために、教育相談を担当している先生がいますが、その先生から「うちの学校に困った生徒がいる」と相談を受け、親御さんの了承を得てうかがったものです。

その生徒は、教室や校舎内をウロウロと徘徊し、授業中席に座っていない、座っても後ろを向いたりして、他の生徒の勉強のじゃまをして困る、という話でした。さらに、感情を爆発させて、教師や他の生徒に暴力を振るうこともあるとのことでした。

その先生に案内されて、Aくんのいる教室に向かいました。教室でAくんは、授業中ずっと机にうつぶせて頭を上げませんでした。授業の内容がわからないので、このようなことが多いそうなのです。

教育相談担当の先生は、Aくんについて、ご家族や今までの関係機関の人たちから聞いた情報を羅列したメモを私に見せてくれました。私はそれを見て、ある箇所に目が釘づけになりました。

そこには、「幼稚園のころ、音楽会の演奏の練習をぜんぜん取りくまなかった。そのうち、楽器の太鼓を壊してしまい、物置き部屋に閉じこめられることがあった」と、ありました。

小学校でも落ち着きがなく、勉強にもついていけなかった、とあったのですが、私はその幼稚園でのできごとが特に気になりました。実は、この相談を受ける少しまえに、別の保育園でも「お仕置き部屋」のような部屋に閉じこめられた子どもの話をうかがったばかりだったからです。

「ちょっと気になる」子どもの「大変気になる」行動

最近、このAくんのように、落ち着きがなかったり、友だちとトラブルを起こすなどの問題があり、保育園、幼稚園や学校でどう対応したらいいかという相談を受けることがあります。また、保健所、保健センターの乳幼児健診後の発達相談においても、このような心配ごとを抱えた親御さんの相談を受けることが増えています。

しかし、なかには、ことばをよく話し、発達検査を実施しても特別な発達の遅れが見られない子もいるし、障害が軽いために、「ようすを見ましょう」「お母さんの心配しすぎですよ」と言われたというお母さんのお話を聞くことも多いのです。

保育現場では、障害児療育（通園施設や児童デイサービスなど）や障害児加配制度の対象にならないところも多く、「ちょっと気になる子ども」とも言われます。

ところが、現場の先生方からは、「ちょっと気になる」どころか、「大変気になる」という声を聞くことがあります。巡回相談や保育士会の研修などでもよくお話をうかがいます。クラスにそのような子がいるので、いっせいに動くことができない、行事がうまくすすめられない、友だちの頭を突然たたくこともあり目が離せないというお話です。なかには、いつ危ないことをするかわからないので、どうしたらいいかわからないという深刻な相談を聞くこともあります。

先生も子どもも「必死」に練習

私は、保育士や幼稚園の先生の養成を行う短大や大学に勤めているので、学生たちの保育実習のようすを見に保育園、幼稚園を訪問することがあります。

ある幼稚園を訪問したときのことです。訪問のときに、その幼稚園では楽器演奏の練習をしていました。その場を見学することになったのですが、そこでは一糸乱れない演奏を子どもたちが行っていて、先生も「必死」ということばにふさわしいような形相で指導をしておられました。そして、うまく合わせられない子どもがいると、きびしく指導をするという場面に出あいました。演奏の練習のあとも、子どもたちが「め、うん、め、うん、ばなな、うん」というようなかけ声を口々にかけあいながら、太鼓の練習をしていました。

おそらくAくんの幼稚園の先生も、一生懸命に子どもたちに楽器の演奏を指導しておられたのでしょうか。演奏を一つの形にまとめあげたいという先生の目標や願いに反し、Aくんはみんなと同じようにうまく太鼓がたたけない、また落ち着きのなさもあったAくんは、練習に集中できない、そして、みんなの練習をじゃますることになり、あげくの果ては、楽器を壊してしまったのではないかと、訪問先の幼稚園の楽器演奏のようすを思いおこしながら考えました。そして、「お仕置き部屋」とも言うべき物置きに入れられるという、きびしい指導を受けることになったのでしょう。

「できばえ」重視の保育のなかで自信を失う子どもたち

幼稚園でのできごとを中学生のAくんの姿に直結させるのは、短絡的かもしれません。楽器演奏の指導が問題だというのでもありません。そうした音楽の取りくみが幼児教育のなかで位置づけられ、効果を上げているところもあるかと思います。

問題なのは、たとえばこのような楽器演奏をはじめとする行事への取りくみのなかでは、「できばえ」が重視されるということです。そのために、「みんなといっしょ」の動き以外、つまりうまく楽器を演奏できない、練習に集中できず他のことをやる、歩きまわる、といった行動が、指導者にとっては特に困ることになるのではないかということです。

このように、「みんなといっしょ」の場面ではうまくできなかったり指導者が困るような行動をする子どものなかには、知的に障害がない、あるいはことばを他の子どもたちと同じくらい話すことができる子どもたちもいます。その場合、そうした子どもたちの行動がやる気のなさやわがままといった、根性や性格の問題と考えられてしまうことがあります。あるいは、お母さんの育て方のせいであったり、保育者が若いからうまく教えられないのだといったまわりのおとなの力量のせいにされがちです。

Aくんも、太鼓をみんなと同じようにたたくことができてあたりまえという了解があったのに、それをしようとしないことは、がまんが足りない、勝手だということから、先生は部屋に入れて反省させようと思ったのかもしれません。でも、当のAくんは、がんばっていなかったわけではなく、もしかすると、がんばろうとする気持ちがあるのに、できなかったかもしれないのです。そんなとき、一人暗い部屋に閉じこめられたAくんの気持ちはどんなだったでしょう。

おそらく、幼稚園や小学校でみんなと同じようにできない、あるいはしようと思っても集中できないAくんは、そのときに「みんなといっしょに」できない自分を感じ、さらに叱られきびしく対応されることによって、自信をなくしていったのではないかと考えました。そして、教室で授業中ずっとうつぶせているAくんの姿に、「つまんない」「どうせぼくはできない」という思いが感じられたのでした。

Aくんについては、自信を回復することが最も大切なのではないかと中学校の先生方と話しあいました。そして、教育相談の先生はAくんの聞き役になり、個別の学習の時間もつくりました。その次の年に学校にうかがったときは、別の生徒さんの話はありましたが、Aくんの困った行動についての話は減りました。

「ちょっと違った感じ方」をする特別な配慮が必要な子どもたち

本書で取りあげる子どもたちのなかにLD、ADHD、高機能自閉症などと判断されている子どもたちがいます。この子どもたちは、なんらかの原因があって（まだよくわかっていないことも多いのですが）、発達につまずきがある子どもたちです。「ちょっと違った感じ方」をしたり、「特別なわかり方」をする場合もあります。

たとえば、動きが遅くて、保育者の指示ですぐに輪の中に入ったり、活動に取りかかることができない子どもがいますが、その場合も、怠けているせいなのか、あるいは保育者の指示が理解できないという発達のつまずきがあるせいなのか、ケースによって関わり方が変わってきます。

また、いくら練習してもなわとびや竹馬ができない、お絵描きが他の子どもたちに比べてうまく描けない、はさみがうまく使えないという子どもたちがいます。この場合も、がんばらせれば道具が使えたり、じょうずに描けるようになる子と、がんばるだけでは道具がうまく使えない子どもとでは、対応が違います。このように、特別な配慮の必要な子どもたちがいるのです。

不適切な対応による情緒的なこじれ

しかし最近、相談活動で出あうのは、こうしたその子どもがもつ発達障害のせいではなく、まわりが、その子の苦しみや発達のつまずきからくる困難を理解せず、がんばりの足りなさ、しつけの問題ととらえて、適切な対応をしてこなかったことからくる情緒的なこじれの問題です。または親御さんと園との間に、「子どものことをわかってもらえない」という理解の不一致があり、おとな同士の関係がうまくいっていない場合にも出あいます。

そのなかで見られるのは、Aくんのように、自分はだめな人間だという思いこみや、人を信じられないことからくる被害感情の表現です。

現場の先生方は、子どもたちを「ちょっと気になる」子どもではなく、「かなり手をかけなければいけない」子どもと認識してきているように思います。しかし、子どもにどのように対応したらいいかの知識や研修の普及はまだ不十分なようです。また、そういう実践を支える制度や行政の施策も不完全です。地域で親御さんや保育者が相談できる専門家も少ない状況にあります。加えて、保育条件の悪化で、保育者が余裕のない状況がどんどん生まれています。

でも私は、子どもたちが変わる事実、そしてそれを生みだす実践はかけがえのない宝だと思っています。また、みんなで力を合わせるならば、きっとこの子どもたち、ひいてはすべての子どもたちの発達保障の手だてが生まれるのではないかと思っています。親と保育者、地域が連帯していくならば、それが可能になると思っています。

障害名が明らかになり、子どもの対応にも変化が

ところで最近、こうした子どもたちの問題が保育や幼児教育の現場でクローズアップされています。それは、障害や精神的疾患に関しての国際的な診断基準によって、

LD（学習障害）、ADHD（注意欠陥多動性障害）、アスペルガー症候群（障害）などが定義され、それらの用語を、保育や教育現場のなかでも聞くことが増えてきたことが一因だと思われます。

メディアやたくさんの書物などを通じて、一般の家庭にも広く知られるようにもなりました。また、親の会、草創期からの研究者、実践家などの取りくみの積みかさねのおかげで、先進諸国より遅れたものの、ようやくわが国でもこの子どもたちへの施策に着手するようになってきたことが背景にあります。

たとえば、LD、ADHDなどの発達障害がある場合、「特別支援教育」への転換が文部科学省から提案されました。これは、特別な支援の必要な児童に対する通常学級の教育を充実させるといった内容のもので、障害児教育の枠組みの見直しとともに、人的配置や予算措置に心配な問題を抱えながらも、その制度化がすすめられています。そして、自治体に対策の充実を求めた発達障害者支援法が二〇〇四年一二月に制定されました。

このような動きもあって、障害児としては認定されていないけれど、集団のなかで配慮の必要な子どもたちがいることが認識され、LD、ADHDなどの障害名で判断される子どもが増えてきているのだと思います。

こうした障害名が明確になってくることによって、今まで、子どものやる気や家族のしつけの問題だととらえられてきたことが、そうではないと気づき、子どもたちへの理解が深まり、対応が、より子どもに適合したものに変わってきていることは重要な変化です。医療機関をはじめ、専門家のアドバイスを受けやすくなったこともよい変化です。

診断は、子どもの最善の利益につながるためのもの

ただ、その一方で、いくつか気になる傾向も生まれてきています。それは、保育や教育の現場で、子どもの姿を見て安易に障害名をつけたり、障害名によって子どもの対応を考えるという状況が出てきていることです。私のところに、「幼稚園でお宅の子どもさんは学習障害、と言われた」と言ってご相談にくるお母さんもいます。

診断基準にある症状や行動特徴があるからといって、障害はすぐに診断されるわけではありません。児童精神科や小児科の医師などの専門家が時間をかけて観察し、生育歴や生活のなかでのようすをこまかく聞きとり、心理検査の結果なども含め、総合的に評価されたうえで、診断されるものなのです。

また、診察場面だけでなく、園や家庭などいくつかの観察を通して時間をかけて慎重に判断されなければなりません。

障害名が一人歩きして、保育現場で安易に障害が診断され、それをすぐ家族に伝え

たり、ときには、本人やまわりの子どもたちに障害名を伝えたりするのを見ると、私は切ない気持ちになります。診断は、あくまで子どもたちの最善の利益につながるために行われるものであり、かつて田中昌人先生が指摘されていたように「発見が絶望へのパスポート」につながるならば、そんな診断は意味をなさないと思っています。

本書では、なるべく子どもたちの生活や保育のなかで見られる姿を描くように努めました。また、支援の視点が明らかになるように、子育てのしにくさを具体的に伝えるようにしました。しかし一方では、それがこうした安易な障害への診断につながらないか、心配しています。また、お母さんが本書を読んで、「うちの子にも発達障害があるのではないか」と一人で心配になってしまうのではないかと気になっています。

できうるならば、本書が子育てや保育に携わる人たちの気になる問題や育てにくさ、保育のむずかしさの解決に、ささやかながら役立つことを願って書いています。また、気になる問題を抱えた子どもたちが、おとなたちの関わりや子ども同士の豊かな育ちあいのなかで、変わっていく姿を示したいという思いで書いています。

尚、本文中に出てくる障害名や用語の解説は、紙面の都合もあり、ごく一部しか紹介できていません。くわしくは巻末の参考文献で深めていただき、心配ごとがあれば地域の専門家に相談されることを願っています。

第1章

子どもの育てにくさは親のせい？

こだわりの強いBくん

……頭ではわかっていてもイライラ

一昨年テレビで、自閉症児、光くんを主人公にした『光とともに…～自閉症児を抱えて～』というドラマが放映されました。これは同名のコミック（戸部けいこ作、秋田書店）をドラマ化したものです。それを見たBくんのお母さんが発達相談のときに、「私もドラマに登場する母親と同じ気持ちになる」と話しました。ドラマでは光くんの母親役が、「頭ではわかっていてもどうしてもイライラが募ってしまう。それまでのいいことがすべて消えてしまうほどやりきれない思いでいっぱいになる…」と語る場面がありますが、それとそっくり同じ気持ちになることが、しばしばあるとのことでした。

……ちょっとしたことで大騒ぎ

Bくんはこだわりが強く、いったん思いこむとなかなかお母さんの言うことを聞きません。たとえば、外出先で、ちょっとしたことが気にさわり、ワーワーと大騒ぎになることがよくあります。

幼稚園の帰り道でのこと。通園バスでぐったり疲れたBくんは、バスから降りるなりお母さんを見て、「すぐそこに布団を敷いてちょうだい！　ぼく疲れているから」と言って動かず、道路でずっと泣きつづけています。そんなとき、お母さんはまわりの目もあり、連れて帰ろうとあせりますが、てこでも動かないBくんを前にだんだん気持ちも失せ、そこにたたずんで涙を流すばかりだった…とのことでした。

Bくんは、赤ちゃんのときに、大きな声がしたりドアがバンとしまる音にビクッとして泣くようなことが多かったと言います。誰かがくしゃみをするとそれだけでびっくりして泣くようなこともありました。しかし、どちらかといえば手がかからず、よくミルクを飲み、よく寝る子どもでした。

……一歳半ごろからのこだわり

そんな手のかからないBくんに手がかかるようになったのは、一歳半ごろです。このころから、いろいろなものへのこだわりを見せるようになりました。たとえば大好きなミニカーを走らせて遊んでいるときは、ミニカーが同じ向きに一列にきちんと並んでいないと気がすまないことがありました。ちょっと位置が違っていると、すぐに同じ向きにします。

二歳を過ぎたころのことです。たまたま並べたミニカーの上にバスタオルが落ちると、「直して！」と大騒ぎになりました。お母さんが同じように前の状態に直しても、「違う、違う」と、怒りがおさまりません。怒りはだんだんとエスカレートし、「みんな大嫌い」と言って三〇分ほど泣きつづけたのです。その泣き声はとても大きく、お母さんがなだめてもすかしても、ずっと続いています。

……順番へのこだわり

また、順番への妙なこだわりもこのころから見られました。たとえば、お母さんがストローの袋を破ってBくんが飲もうとするジュースにさすと、それだけで、「もう飲まない」と言って怒りだすのです。自分がストローをさして飲もうと決めていたのに、お母さんが先にやってしまったことが許せないのです。

また、外出先から帰ってきたときに、自分より先にお姉ちゃんが玄関に入っただけでキレてしまうことがありました。このときも、「玄関は自分が一番に入る」ということを決めていたようなのです。「みんな外に行って！」「外に行かないならたたく！」と言って自分のからだを思いきりたたきはじめました。のどがかれ、声が出なくなるまで泣き叫んでいました。

こうしたことが日常茶飯事なので、お母さんは心身ともに疲れてしまい、やりきれない気持ちを抱えてしまうという話でした。

……知的な力は高く、やりとりがしにくい

Bくんは、利発そうな男の子で、発達検査ではほとんど遅れは見られず、むしろ、知的には高い力を見せるところもあります。でも、確かにちょっとしたことに敏感で、すぐにキッとなるようなところが感じられました。

また、いっしょにあそぶと関わりはもてるのですが、自分の世界を大事に守ろうとすることがあり、どちらかと言えば、ことばも一方通行でやりとりがしにくいなど、コミックの光くんと共通するような傾向が見受けられました。四歳のとき、お医者さんから、アスペルガー症候群の疑いがあるのではないかという話がありました。

……「私のせい」と自分を責めるお母さんたち

このように子育てをしていくうえで、Bくんのように、お母さんが「頭ではわかっていてもイライラしてしまう」、いわゆる「育てにくい」問題をもつ子どもたちがいます。最近の発達相談では、このような育てにくさの悩みを訴えるお母さんと出あうことが増えています。

ショッピングセンターに買い物に行ってもすぐに迷子になってしまう。ひとときもじっとしていないので、目が離せない。ゆっくり買い物ができない。そして、そうしたよく人が集まるところで、ちょっとしたことで大声を出して泣き叫んでしまう。「キャー」と奇声のような声を出したりするので、まわりの人たちからまるで責めるような目で見られるのがとてもイヤ、などと話されます。

あるお母さんは、「そういうとき、静かにしなさい、と思わず感情的になってしまい、たたいたあと自分を責めることの繰りかえし…。私の育て方が悪いのです」と、私の前で号泣されました。

……育て方が悪いのではない

私は、子どもさんのようすを見たり、親御さんの了承のもと発達検査を行って、その背景に発達障害など子どもの発達の特性からそのような問題が生じていることを確認したとき、お母さんに、「決して育て方が悪いわけではないですよ」とお話しします。すると、多くのお母さんは、目からあふれんばかりの涙を流し、「本当ですか?」と私の目をじっと見つめます。なんども、本当ですか、と確かめるお母さんもいます。それほど、お母さんが「私のせいで」と自分を責め、一人で悩んでいたのだと思うと胸が詰まります。

なかには、「この子が自分勝手なのは、母親であるあなたのせい、と姑に言われてつらい。なんとか自分ががんばって子どもをしつけなければとあせるけれど、なんど言っても言うことを聞いてくれない。そして、まわりの目の冷たさに耐えきれず、思わずたたいてしまうこともある」と切々と話すお母さんもいました。

……子育てほど思いどおりにいかないものはない

子どもが健やかに育ってほしいというのは、すべての親の願いです。ところが子育てほど思いどおりにいかないものはないと、私は自分の子育てを振りかえって思っています。なぜなら、子どもは親から独立した人格をもった存在であり、どんなちいさな子どもでも自分から外の世界と関わりあいながら自分で新しい発達の力を獲得し、自己変革を続けていくからです。そのプロセスのなかでは、つまずきや停滞もありますし、思春期のように発達が大きく飛躍するときにこそ、まわりが手を焼くような行動が見られることもあります。それほど人間の発達は複雑であり、それを担う子育ては容易ではないはずです。

しかし、子育ては多くの人がなんらかの形で関わり、身近なものであるがゆえに、簡単にできるかのように思われています。そのなかで、子どもが起こす、あるいは見せるさまざまな問題が、「親が悪い」「私のときはそんなことはしなかった」というように、「子育ての仕方が悪い」せいだと言われることが多いのです。そのことによって当事者である親が自分のせいだと悩み、苦しめられることが少なくありません。

……育てやすい子と育てにくい子がいる

アメリカでは、トーマスとチェスらが、一九六〇年代から、子どもには生まれながらに気質の問題があることに着目し、子どものなかに「気質的に難しい子ども（Difficult Child）」と「気質的に易しい子ども（Easy Child）」、つまり、育てやすい子どもと育てにくい子どもがいるということを指摘しました。そして、育てにくい子どもの原因を作ったのは、親ではなく、生得的な基盤をもとにした個別的な違いであるとして、追跡研究が行われてきました。

このような研究の流れのなかで、乳児期に「気質的に難しい子ども」と判定された子どものうち、児童期にも問題が継続している子どもたちの一定数が、児童期に発達障害の疑いを示唆するような行動を示すというデータも出されています。もちろん、それは、一定数ということであって、すべての場合に発達障害があるというわけではないことを付記しておきたいと思います。

……子ども自身の生理的問題としてサポートしていく視点が必要

愛知県立大学の神田直子さんは、こうした子どもたちの困難さが「親の気持ちのもちよう」だけでは解決できない、生理的なところに深く根ざした問題である場合もあることに注目しています。

このように、子どもの行動上の問題は、原因を全面的に親に求めるのではなく、子ども自身が抱える生理的問題、そのなかには発達障害などがあることも視野に入れながら、まわりや社会がそれをサポートしていくという視点が必要だと思います。

Bくんの場合は、外からの情報認知に関して違った感じ方や敏感さがあり、こだわりから切りかえをしにくい傾向をもつ発達障害の特徴が、育てにくい要因を作っていると考えられました。しかし、ワーワーと泣き叫ぶことがしつけのせい、ととらえられやすい面をもっています。Bくんのお母さんのように、育児者の負担は計りしれないほど大きいのです。そんなときに、「お母さんがんばりなさい」「お母さんがもっと愛情をもって関わりなさい」というような気軽な励まし方をする人がいますが、お母さんはがんばっていないわけでもなく、愛情を注いでいないわけでもないのです。むしろ、こうしたお母さんの大変さに気持ちを寄せ、子どもに発達障害や疾患が疑われるときは、専門家からの早期の対応をすすめていくことこそが必要です。

……悩みを救う保育機関

ところで、Bくんのお母さんは障害の診断を受けて、「自分のせいだけではないと思ったとき少し気持ちが軽くなった」とおっしゃいました。そしてBくんは、地域にある療育機関に通うなかで、少しずつ変化が見られるようになり、次にお会いしたときには、お母さんの表情にも明るさが見られました。

このような子育てのしにくさがあったときに、保育園や子育て支援の機関が子どもをあずかってくれることで、お母さんの気持ちが軽くなることがあります。どこにも言えずお母さん一人で抱えていた悩みを保育園や幼稚園、療育機関に受けとめてもらい、子育てのエネルギーを充電したという話もよく聞きます。

子どもだけでなく、子育てそのものへの支援や育てにくさへの対応をすすめていくことが、ますます求められています。

高機能自閉症・アスペルガー症候群

基礎知識1

自閉症は、一九四三年にカナーが症例を報告してから、膨大な研究や報告がされてきて、診断基準も時代とともに変わってきています。

現在自閉症を特徴づける症状として、対人関係の質的障害（人との関わりが不器用で情緒的な関係が築きにくい）、コミュニケーションの質的障害（ことばの使い方や理解のむずかしさ）、想像力の障害（こだわりや常同的行動など）の「三つ組」（ウイング）と言われる基準が一般的によく用いられています。その他刺激への過敏性なども特徴として見られますが、個人差があります。

この自閉症に関して、連続したひと続きの障害であると考える立場が最近よく出されています。そこでは自閉症の症状の重いものから軽いものまで含め、自閉症スペクトラム障害と言われています。また医学的診断では、自閉症関連の障害は広汎性発達障害（ＰＤＤ）とも言われています。そのなかで特に知的に遅れのない、あるいは遅れが軽い自閉症、つまり高機能自閉症やアスペルガー症候群を総称して高機能広汎性発達障害と言っています。高機能自閉症は、三歳までに自閉症の特徴を見せる子どものうち、知的遅れを伴わない場合を言います。

アスペルガー症候群は、自閉症の三つの基本特徴のうち、コミュニケーションやことばには遅れのないものを言います（ただしはっきりと区別されないことも多い）。こうした社会性の障害や自閉症の特徴を背景にした他の子どもとは違った行動や不安や不快さからくる混乱の状況が見られる場合もあり、正しい子ども理解を必要とします。

「立ち歩き」「ルールが守れない」Cくん

……「小1プロブレム」

数年前に「小1プロブレム」ということが話題になりました。これは、小学校一年生の子どもたちが学級という集団活動になじめず、学校生活のルールが理解できなかったりすることから、授業中に席を立って歩きまわったり、私語が多く授業が成りたたないといった現象をさしています。都市部の小学校の先生の間で、教室の課題として取りあげられるようになりました。そして、家庭における養育能力の低下や集団保育におけるしつけの不十分さなどによって、精神的に幼いまま学齢期を迎えることが背景にあるということが指摘されています（現代用語の基礎知識、二〇〇五）。

私が巡回訪問する小学校でも、「今年の一年生は大変ですよ」「昔とはぜんぜん違う」「だいたい親が変わってきた」というお話を、校長先生や年配の先生方からうかがうことが多くなっています。家庭や地域の生活、子どもたちのあそびもずいぶん変わってきており、それが子どもたちの姿に影響していることが考えられます。また、家庭や地域でのしつけの仕方も世代によって違っています。

こうした「小1プロブレム」に代表される小学校低学年の子どもたちの変化や指導のしにくさに対し、自治体のなかでは、低学年に加配教員を配置する制度を実施したり、学級定数を減らしているところもあります。子どもたちの発達を保障する施策や教育条件を、今の子どもたちの実状に合わせて、さらに充実させることが必要になっています。

……わかっているけど、どうしていいかわからない

一方、私が発達相談などで出あう子どもたちのなかには、「立ち歩き」やルールを守れない行動を、単にしつけの問題だとは考えにくい子どもたちもいます。つまり、席に

座ることや集団のルールを守ること自体を、発達の課題と考えることが必要な場合もあるように思うのです。たとえば、椅子に座らなければいけないとわかっているけれども立ち歩いてしまう、どのようにルールを守っていいかわからない、と困っている子どもがいます。その場合、「席に座る」ということがどういう発達の力を必要とするのか、あるいは、席に座れない子どもの背景にある理由は何かを考えて、対応することが必要です。

とりわけ、自閉症や注意欠陥多動性障害などの発達障害をもつ子どもたちと接していてそう思います。そこで、ここではそのなかで、高機能自閉症やアスペルガー症候群などの社会性の障害をもつ子どもの姿から「立ち歩き」について考えていきたいと思います。

……五月の連休後、突然立ち歩きはじめたCくん

Cくんは学校に入学してからしばらくは、他の子どもたちと変わりなく座って学習をしていました。担任の先生にも、他の子どもと比べて特に目立つところはなく、何も問題はないように見えました。

ところが、五月の連休が明けてから、黒板の横にあるえんぴつ削りのところにやってきてえんぴつを削ったり、黒板消しをさわりにくるなど、落ち着きのないようすが見られるようになりました。また、授業中に水道のところに行って水を飲んだり手を洗ったりしています。動物が好きなので、教室で飼っている虫や亀を見にいくことがしばしば見られるよう

にもなりました。さらに、駐車場に出ていって、車のタイヤのメーカーを一つひとつ確かめるような姿も見られました。そんなCくんに、どのように対応すればいいかと、担任の先生からの相談がありました。

……記憶力のいいCくん

私はCくんが授業中になぜ立ち歩いてしまうのか、その理由を知りたいために、授業のようすを観察させていただきました。お母さんにも今までのようすをうかがいました。お母さんは、ワープロで四枚にわたり、生まれてから学校入学までのようすを書いてきて、ご両親がどれだけCくんを大事に育てているかがよくわかりました。

Cくんは、保育園の三歳未満児クラスのころは、人見知りをあまりせず、とても愛想がよかったため、先生たちみんなが声をかけてくれるような子どもでした。また、記憶力がよく、すべての先生の名前を正確に覚えていました。ことばもかなりしっかり話すので、一歳半健診や三歳児健診では特に問題を指摘されたことはないというお話でした。

こうした記憶力のよさは、年少クラスになってからさらに顕著に見られるようになり、大好きな「トーマス」の絵本をすべて暗唱しました。また、英語のテープやビデオをまねして英語で話すこともあります。三歳ごろにはひらがな、数字、アルファベットすべてを読めるようになり、このころから車の会社名やタイヤのメーカーはアルファベットの綴りを見ただけでも読めるようになっていました。

……「育てにくさ」を抱えたお母さん

しかしお母さんは、Cくんが赤ちゃんのころからの「育てにくい」問題をたくさん抱えていました。

布団に寝かせるとすぐ泣き、だっこをしていないと安定せず、お母さんが抱いたままソファーで寝ることもあったと言います。ベビーカーやチャイルドシートには乗りたがらず、いつもだっこで過ごしていました。歩くようになってからは、特定の物へのこだわりが強くなり「カギ、カギ」と言っていつも鍵を持ち歩き、見つけた鍵穴すべてに鍵をさそうとします。それがうまくいかないと、自分で壁や床に頭をぶつけて怒りだすようなことがありました。また、スプーンがうまく使えなくて食べ物をこぼしたり、靴も自分ではけず、先生にはかせてもらっていました。着がえも一人ではなかなかできず、できないと「ギャーギャー」泣き叫び、かんしゃくを起こすことが多くありました。ことばの巧みさや記憶力の高さが見られる一方で、刺激に過敏であったり、こだわりが強いこと、手先に不器用さがあり、自分で日常生活の動作をうまくやりこなせないことなどを、お母さんのお話や書いたものを読んで感じました。

こうした状況をもとに、担任の先生とどういうときに立ち歩くのか話しあいました。一つはまわりがざわめいたり、いつもと違う場面になると落ち着きがなくなるということです。また、自分のできないことや集団のなかでみんなから遅れることがあったときに立ち歩くことがあります。

……広汎性発達障害の疑い

Cくんは、保育園のころから、一つひとつの作業や動作に時間がかかり、気がつくとまわりの子どもたちは作業を終えていて、自分だけできていないため、パニック状態になることが多かったようです。特に体育あそびが苦手で、ボールあそびなどでうまく投げたり、とったりすることが困難で、途中で集中力がとぎれてふらふらと運動場のすみに行ったり、自分の興味のあるところに行ってしまっていたと言います。クラスの部屋から飛びだして、非常口のマークを探しまわったり、車のタイヤを見にいっていたようです。

一つひとつが思うようにならないとパニック状態になり、なだめたり手をかしたりして落ち着かせることの繰りかえしだったと言います。お母さんもとまどい悩むことが多く、そのころ相談機関に受診し、広汎性発達障害の疑いを指摘されました。

……無理をさせず、安心させる対応を

ようするに、Cくんが困ったり不安になったりすることが原因で、立ち歩いてしまうこ

とがあるということです。先生は、そのときのCくんの気持ちを理解するよう努めました。Cくんの手を握ったり、具体的な作業の内容をもうひと声かけたりしました。きっと、学習内容や生活の流れが入学当初と比べるとむずかしくなったり、興味をもてないものに変わってきたので、集中して学習することができなくなったのではないかと考えたからです。そんなときには無理をさせず、安心させる対応を心がけました。

先生のCくんへの関わりを見て、一年生のクラスの子どもたちもCくんが立ち歩いてもいちいち反応せず、学習を続けています。そしてCくんが戻ってきたときは、班の子どもたちがCくんを受けいれるよう先生が配慮しました。校長室に出入りしたときは校長先生が受けいれ、他の学級に入りこんだときも関わってくれる教員が増えたので、安心して戻ってくるようになりました。

このような対応をするなかで、Cくんの立ち歩きは徐々に減っていきました。

……Cくんが立ち歩いた理由

Cくんは、ことばもよく話し記憶力も高いので、乳幼児健診でも就学時健診でもそして保育園でも発達障害があるとは気づかれませんでした。しかし、刺激に過敏なためにざわめきが気になったり、先の状況がよくわからずに不安になるようでした。あるいは手先の不器用さのために、みんなとペースが合わず混乱してしまうことが保育園のなかでもありました。学校ではいっせい授業のために、席に「座ること」が生活の中心になり、ますますそうした姿が顕著にあらわれることになります。そして、「立ち歩き」という姿が見られるようになったのです。

不安が先立ったり、場面の流れをうまく読みとれないことで混乱し、「思わず立ち歩いてしまう」ことになるのではないかと思われます。そういうときに、ある特定のもの（非常口のマークやタイヤなど）にこだわり、そこに焦点が当たるとなかなか切りかえがうまくいかないこともあるのではないかと考えられました。

……保育園・幼稚園・小学校の連携が大切

このように自分勝手のせいではない、社会性の障害からくる「思わず動いてしまう」という状況を担任の先生が理解することで、Cくんは先生を支えに、混乱したときにも立ち歩かなくてもいいようになったのではないかと思われます。

こうした立ち歩きの問題や「小1プロブレム」と言われる現象も、「親が悪いからこうなった」では解決の糸口が見つかりません。今、保育園・幼稚園・小学校の連携が重要視されています。保護者や関係者が、子どもに合った対応をともに考え、学校入学後の子どもたちの発達を見通して、幼児期の支援を考えていくことが必要だと思います。

自分勝手に見えるDくん

……じっとしていられないDくん

年長クラスのDくんは、じっとしていることがありません。登園してくるときも、先にDくんがかばんも持たずにダッダッダッダッと走りながら入ってきて、あとから追いかけてくるようにお母さんがたくさんの荷物を持って入ってきます。「かばんは?」「タオルは?」

とお母さんが大きな声で叫んでいますが、Dくんは知らん顔で部屋に入ってきてブロックであそんでいます。

朝の集まりの時間や絵本の読み聞かせのときなど、しばらく座って、「先生、手あそびまだ？」「きょうはトーマスの絵本読まないの？」と催促することがありますが、すぐに始まらなかったり、先生の読む本がトーマスでない場合は、「なんだぁー」と言って席を立ってウロウロしはじめます。

また、保育室の中にチョウチョウが飛んできたときには、チョウチョウの動きにつられて部屋の外にフラ～ッと出てしまうことがあります。外で選挙の応援演説のアナウンスが聞こえると、すぐさま椅子から立って外に見にいき、そこで手を振ったりしています。Dくんはじっと座って話を聞く時間が苦手で、何かめずらしいものが目や耳に飛びこんでくると、すぐに席を立ち歩いたり、出ていってしまうことが多いようです。

……好きなことはやりたがる

ところが、部屋でクラスのみんながボーリングゲームなどで盛りあがっているときには、それを見て途中で「おもしろそう」と部屋に戻ってきます。そして、「ぼくが一番にやる」と言って並んでいるお友だちの列の横から割りこんできて、友だちが持っているボールを取りあげ、ボーリングを先にやってしまうことがあります。

給食は大好きで、当番のときなどは張りきって準備をします。また、当番でないときも、みんなの前で「いただきます」と、役を買って出ることもあります。しかし、食事中いつの間にか席を立ってどこかに行ってしまい、Dくんの机の上にはナプキンやお皿がそのままになっていることもあり、先生はDくんを引っぱってきて片づけをさせることがしょっちゅうです。

……Dくんに振りまわされる毎日

先生が特に困ることがありました。Dくんは、通りすがりに、いきなり友だちの頭や顔をパンチすることがあるからです。

ある日も、たまたま床に置いてあるおもちゃにつまずいて転んでしまったのですが、そのとき、そばにいたぜんぜん関係のない友だちの顔をパンチしました。そのため、その友だちは、鼻から血を出すケガをしました。先生はびっくりしてその場に行き、Dくんに「お友だちにあやまりなさい」と言いましたが、あやまろうとしません。それどころか、「バーカ」と言って、プンと顔をそむけてしまうのです。

このようなDくんの行動に毎日先生は振りまわされてしまいます。まわりの子どもたちもDくんのそうした行動に、「先生、Dくんはずるい」と訴えにくることがあります。ときには、まわりの子どもの保護者からの苦情がくることもあります。

年長クラスなので、担任は一人だけ。先生は休む間もなくDくんのようすを見ています。そのため、こうした自分勝手な行動をするDくんに、つい感情的に怒ってしまうこともあり、自分が情けなくなるということです。

……自信を失う担任保育者

Dくんのように、動きが多かったり自分勝手な行動をする子どもたちが増えているという話を聞きます。始終目が離せないという状況になり、まわりの子どもたちとのなかまづくりもむずかしく、保育のしにくさを感じることが多いようです。

Dくんのクラスのように多くの場合、年長クラスは担任の先生が一人なので、部屋を出ていった子どもを追いかけていくと、部屋には保育者がいない状態になります。部屋に戻ると大変になっているということもあり、気の休まることがありません。

ことに、突然先ほどのようなパンチの「事件」が起こると、その対応に神経はすり切れてしまいます。「Dくんだけずるい」という子どもたちの不満にどう対応したらいいのかも、悩むところです。ときにはまわりの先生方から、「先生が甘やかしすぎ」「きちんとしつけていないから」という声を聞かされることもあります。そのたびに、担任の先生は自分が未熟だからこうなってしまうのではないかと自信を失ってしまうのです。

……一人でいるときと集団のなかにいるときは違う

さて、Dくんのように立ち歩き、友だちとトラブルを起こす子どもたちは、親のしつけが悪い、自分勝手な子どもなのでしょうか。また、先生が未熟なためにこうなってしまうのでしょうか。

私が保育園や小中学校の巡回相談を行っているときに、担当の先生からDくんのような行動をする子どもがいて困っている、という相談を受けることがあります。なかにはずいぶん悩んでいる先生もいます。

しかし、個別の発達相談で出あう子どもたちは、ほとんどがわがままでもいじわるでもなく、素直で無邪気な子どもが多いと感じます。でも、そんな個別に出あうときと、集団のなかで見る姿ではずいぶん違う場合があります。クラスのなかだとちょっとしたことで友だちに手や足が出てしまう姿に出あうこともあります。たくさんの子どもたちのなかだと、確かにみんなとペースが合わないだろうなあ、と思われるような、動きの多さ、次々に興味が他のものに移ってしまう、という面が見られるのです。

……注意欠陥／多動性障害（AD／HD）とは？

こうした動きの多い状態を示す子どもたちのなかに、お医者さんから、「注意欠陥／多動性障害（AD／HD）」と診断される子どもたちもいます（以下ADHD）。多くは学齢期に診断されることが多いのですが、幼児期からその疑いが指摘されることもあります。

このADHDは、アメリカ精神医学会の「精神疾患の分類と診断の手引・第4版」（DSM—Ⅳ）に記載されています。基本の症状は不注意（気が散りやすい、よく忘れるなど）、多動性（じっと座っていられない、しゃべりどおしなど）、衝動性（順番を待てない、質問が終わるまえに答えを出すなど）の三つの基本症状を示します。

この手引きによれば、ADHDの子どもたちは、気が散りやすいなどの「不注意」の症状が中心のタイプ（不注意優勢型）の場合と、動きが多く衝動性のある「多動・衝動性」の症状が中心のタイプ（多動性・衝動性優勢型）、そして、両方の症状が重なりあっている「混合型」のタイプに分けられるとされています。

……そもそも、子どもはじっとしているのが嫌い

Dくんの場合、じっとしていることが求められる場面になると、部屋から出ていくことがありました。また、何か「おもしろそう」と思うことがあれば、今やっていることが関心外になってしまい、そちらの方に行ってしまうことがありました。

そもそも子どもは、じっとしていることが嫌いです。ことに三歳未満児のころは、動くのが楽しいとばかりに歩きまわったり、友だち同士で走りまわったりしています。また、

「おもしろそう」「やってみたい」という好奇心旺盛な姿は、子どもらしい姿とも言えます。

……「ちょっと待てよ」の気持ちの育ち

しかし、日本福祉大学の近藤直子さんによると、年少児の後半、つまり四歳ごろになるとまわりを見て「ちょっと待てよ」という気持ちが働くことが子どもたちの発達の大きな変わり目になると言います。そして、心のなかで自分に対して話しかけることば（内言）の育ちが見られます。こうした力が育ってくると、「もっと遊びたいなあ」「何かおもしろいことがある」と思っても、おとなから求められたり、まわりを見まわしたりして、「もうちょっとあとまでがまん」と自分に心のなかで話しかけながら、じっとすることとやみなとまとまって動くことを選択するようになります。

ですから、このような発達の力につまずきを抱えていると、「ちょっと待てよ」と自分の行動にブレーキをかけることができにくく、思わず飛びだしてしまうのではないかと思われます。また、ブレーキをかける以上に「見たい、さわりたい」という要求が勝ってしまうのかもしれません。こうした発達のつまずきと関わらせて、先ほどの不注意、多動、衝動性といわれる子どもたちの姿を考えていくことが必要なのではないかと考えています。

……子どもへの関わりを見なおす

なぜ、立ち歩いてしまうのか、なぜ給食の後片づけもせずに行ってしまうのか、そしてそのときにクラスの状況はどうだったのか、を出しあいながらDくんへの関わりを考えることが必要なのではないかと、先生と話しあいました。

そういえば、給食の片づけをしなければいけないことはわかっているのに、何か興味を引くことがあると、それをすぐに「見たい」という要求に動かされて、今やるべきことがあとまわしになってしまうのではないか、ということでした。

それならば、みんなといっしょに片づけをするのを待つのでなく、先生がそばについて早めに片づけをさせてもいいのではないかということになりました。そして、そのつど片づけたことを認めるようにしました。そうするなかで、毎日の片づけが定着するようになりました。

また、Dくんはよく気がつき、とても友だち思いの子どもで、友だちとのトラブルも、もともと悪気があって起こすのではないことが先生のお話のなかでたくさん出てきました。ただ、静かなところだと友だちと仲よく過ごせるのに、まわりに刺激が多かったりして、本人がイライラした状態のなかにいると、ちょっとした友だちの言動が引き金となって、たたいたり、物を投げつけるというできごとが起こるということでした。

このようなDくんのよさや行動の背景を見つめていくなかで先生は、「まず私がどんと構えていることが大切なのですね」、と言い、私はいたく共感しました。

……担任を支える園の体制づくりを

その後、Dくんがお友だちとのトラブルを起こしたときには、園長先生がそばに行って、抱きしめながら気持ちを落ち着かせたうえで、Dくんの気持ちを聞きとるよう努めました。ときには、だめなことややってはいけないことを伝えることにしました。その間、担任の先生はクラスの子どもたちに対応するようにしました。

そして、お母さんとの協力関係を大事にし、朝、気持ちよく園で迎えるための保育時間や体制の工夫に努めました。また、地域の療育機関（児童デイサービス）での個別指導を受けるよう勧めて、通所が始まりました。そのなかで少しずつですが、Dくんがみんなと過ごし、評価されることも増え、Dくんとまわりの子どもたちに変化が生まれています。

このように、立ち歩きやトラブルはその子に備わったものというとらえ方でなく、発達のつまずきと考え、担任の先生を支える園の体制をつくることと合わせて、子どもとまわりの子どもに、何を大切にすればいいかを考えあうなかで、子どもたちは変わっていくのです。

ADHD（注意欠陥／多動性障害）

基礎知識2

ADHDは、アメリカ精神医学会の「精神疾患の分類と診断の手引・第4版」―DSM―Ⅳ）に診断基準が記載されています。不注意（気が散りやすい、よく忘れるなど）、多動性（じっと座っていられないなど）、衝動性（順番を待てないなど）の三つの基本症状を示します。

また同手引きによれば、不注意が中心のタイプ（不注意優勢型）と、多動・衝動性が中心のタイプ（多動性・衝動性優勢型）と両者がいろんな場面で見られる混合型の三つのタイプに分けられるとしています。診断は、家庭と学校など二つ以上の場所で、場面に関係なく不注意、多動性、衝動性の三つの特徴が年齢不相応に見られること、七歳未満に発生し、六か月以上の長期間にわたることなどを条件に判断します。

ADHDは、自分の行動をコントロールすることや行動を段取りよくすすめるために働く「実行機能」と呼ばれる認知発達のつまずきと想定されています。ですから、注意の集中の仕方を配慮するための環境調整や働きかけ、その子どもに合った活動の量や持続時間を配慮することが求められます。幼児期は多動や集団行動になじめないことが見られる子どもも、徐々に落ち着いてくることが多いようです。

しかし、それまでにまわりの不適切な対応や、自尊心を傷つけられることによる自己評価の低下など、情緒的なこじれや二次的な問題が見られることもあり、留意する必要があります。

みんなと同じペースでできないEくん

……発達相談で出あったEくんのこと

Eくんは、年少組の男の子です。お母さんが保育園の先生といっしょに保健センターの発達相談に来ました。Eくんは一歳半健診でも三歳児健診でも発達上の心配は出されませんでした。保育園の先生が、集団のなかでのEくんに気になる行動があるとのことで、保健センターの発達相談を申しこみ、私が会うことになりました。

……聞きとりにくい、手先が不器用

Eくんは、クラスみんなのなかで「Eくん行くよ」と言われても、気づかずにいることが多く、まわりの子どもたちがそれに気がついて、Eくんを連れてきてくれることがあります。Eくんのそばで先生が一つひとつ声をかけると、やっと動きだすのです。

Eくんは、登園時にタオルなどの持ちものを指定の場所に入れるというような、毎日の繰りかえしの行動もなかなか定着せず、先生は同じことをなんども教えなければならないとのことでした。着がえも、最近やっと一人でできるようになりましたが、服の後ろと前が反対になったり、パンツをはき忘れて保育室に脱ぎ捨てていることもあります。

また、手先が不器用で、お菓子の袋が破れずにいたりします。折り紙などの活動もうまくできず、紙をぐちゃぐちゃにしてしまいます。

……人との関係はとれているのに

しかし、おしゃべりも他の子どもたちと同じようにするし、絵本の内容も理解しています。発達検査でも、描画が苦手など得意でないところはありますが、年齢相応の課題にも取りくむことができ、対人関係面でのつまずきもないように思われました。

このように、よくわかるし、人との関係もとれるのに、みんなと同じペースでできないEくんなので、つい「早くやりなさい」とせかしてしまうということでした。お母さんも相談のなかで、「手をかけていないから」と、つらそうにおっしゃっていました。

……乳幼児健診では「発達に問題なし」

保育園や幼稚園のなかで、Eくんのように「気になる」問題行動を示す子どもがいます。個人的に対応するとよくわかっているのに、みんなのなかだと、キョロキョロしたり、ぼんやりしていてペースについていけなかったり、生活行動や制作活動で援助が必要だったりします。こうした問題を示す子どもたちのなかには、Eくんのように、乳幼児健診でも発達上の心配を指摘されず、ことばの発達も遅れていない子どもたちもいます。

しかし、集団生活のなかで力の弱さが見られるため、自立の弱さや甘やかしのせいだととらえられてしまうことになります。そして、「がんばればできる」としつけられたり、叱られたりすることもあります。

……情報を聞きわけ、見わけるいとなみ

このような姿を示す子どもを理解するには、認知発達の過程のつまずきを理解することが必要だと言われています。「認知過程」とは、目や耳から入ってくる情報のなかから、

必要な情報のみを記憶にとどめ、それをもとに外界に関わる際に、情報を処理し、整理統合する過程です。知覚の基本的な心理過程の一つとしてあげられる「図—地の体制」と呼ばれるものを例にして考えてみたいと思います。

次ページのイラストのFくんの場合で見てみましょう。Fくんは、運動場で他の子どもたちといっしょに、先生の「お散歩行きますよ。ぼうしかぶってね」のことばかけを聞こうとします。しかし、運動場にはさまざまな音がうずまいています。そのなかで、先生が発することばを一番大事な情報として選びとる作業が必要になってきます。

多くの子どもは雑音を無視することによって、先生の指示を聞きとることができますが、なかにはFくんのように、無視していい雑音にも反応してしまい、大事な先生の指示を選びとることが不器用な子どもがいます。この際、背景になる無視していい情報を「地」、聞きとることが必要な大事な情報を「図」と呼びます。図—地の体制は、この図と地の情報を聞きわけ、見わけるいとなみです。

……子どもの困り感に思いをはせる

このように、「聞こえ」には問題はないのに、大切な耳からの（聴覚）情報がうまくつかめずに、結果として「ぼんやりしているから」と叱られる子どもたちがいます。保育者のことばを聞きおとしたり、意味することがとらえきれず、みんなが動きはじめるのを見てよ

尾崎洋一郎
『学習障害（LD）及びその周辺の子どもたち』
同成社（2000年）を参考に
上條かおりがイラスト作成

うやく自分も同じように取りくむため、テンポが遅れてしまうことが考えられます。

この場合、「なんど言ったらわかるの？」と思ってしまうのか、あるいは、「もしかすると聞きとれていないのでは？」と子どもの困っている事態を考えに入れるのか、では対応にずいぶん違いが出ます。もしかすると、子どもはがんばって一生懸命聞いているのに、「わからない」状態にいるのかもしれないと、そうした子どもの困り感に思いをはせることによって、先生のことばのかけ方も変わってくるはずです。また、先生がもうひと声かけるなど、その子が聞きとりやすいような配慮をすることによって、「今、何をすればいいか」がわかることになります。そして、それはみんなのやっていることを見てから行動するのでなく、自分から判断して動けることにもつながります。自分から動いて、みんなと同じことができるという成就感は、自信にもつながるのです。

……発達のアンバランスとＬＤ（学習障害）

このような発達のアンバランスをもつ子どもたちのなかに、学童期になって学習障害（ＬＤ）の疑いがあると言われる子どもたちもいます。

学習障害とは、知的発達に遅れはないが、「読み」「書き」「聞く」「話す」「計算する」「推論する」の特定の能力につまずきのある状態を言います〈文部省〈当時〉に設置された調査協力者会議のまとめ〉。学習障害は「学習と関わっての困難」なので、まだ本格的な学習活動が始まらない幼児期には診断は確定されません。しかし、幼児期から、先にあげたようななんらかの気になる行動を示すことがあります。

……「がんばればできる」と励まされて

学習障害の疑いのある子どもたちのなかには、すべてにわたって遅れや弱さが見られるわけではなく、ある特定の領域に弱さが見られるといった、認知発達のアンバランスさをもつ子どももいます。そのため、子どもが示す「気になる行動」に適切な対応をされないまま、意欲の問題とされ、「がんばればできる」と励まされることになってしまいがちなのです。そのうちに、本人は人知れず悩むことになり、自分が友だちに比べてできない、わからないことを自分のせいだと思うことがあります。がんばりが足りないわけでもなく、勉強をさぼっているのでもない。できる力はもっているのに、ほかの子と同じやり方ではうまくいかないのです。

そして、まわりが本人の苦労に気づかないまま、本人は人知れず悩むことになってしまうのです。こうした体験が積みかさなると、自信を失い、勉強嫌いを生むことが心配されています。

乳幼児健診でも問題がわからず、ことばなどにも遅れが見られない場合も多いので、こうした悩みがわからずに学童期を迎える子どもも多いと聞きます。

Ｅくんも、保育のなかでは、先生が手を焼くというような困った問題はなく、そのまま発達の問題に気づかれずにいたかもしれません。しかし、ていねいに見ていくと、聞きとりの力が弱かったり、手先の不器用さのために、さまざまな点で先生には気になることがあったため、相談に来られたのです。

……「気になる」問題を正しい理解につなげる

年少から年中の時期は、「できる、できない」「じょうず、へた」を大変気にする時期です。そのときに、自分のいいところが出せないことはとてもしんどいことです。心配のあまり、塾など早期教育に奔走する親御さんに会うこともあります。そもそも一人ひとりの子どもは得意なところ、苦手なところをもっています。それぞれのペースも違います。

しかし、その子にあった環境を設定し、その子なりのがんばり方、わかりやすい指示のしかたに配慮することで、「ぼくにもできる」「私だってやれた」という、自分への信頼感を感じることができるはずです。「違い」を意識する時期だからこそ、このことを大切にしたいのです。そういう意味で、「気になる」問題を正しい子ども理解につなげ、一人ひとりの子どもに合った対応が考えられていくような早期発見や相談療育システムが充実していくことが重要になっています。

LD（学習障害）

基礎知識3

発達のアンバランスさがあって、ことばを聞きとる力や手指を使っての活動、身体運動面に不器用さを抱え、なかには学童期になってLD（学習障害）と判断される子どもたちがいます。

なわとびや竹馬をいくら練習してもできない、お絵かきや工作が他の子どもたちに比べて顕著に下手、楽器をうまく演奏できない、忘れ物が多い、などのようすを示す子どもたちもいます。背景に認知発達のつまずきがあると言われており、特定の力が出しきれない子どもたちだと言われます。

学習障害は、文部省（当時）に設置された調査協力者会議が一九九九年（平成一一年）にまとめたものが現在では多く使われています。そこには「基本的には全般的な知的発達には遅れがないが、聞く、話す、読む、書く、計算する又は推論する能力のうち特定のものの習得と使用に著しい困難を示す様々な状態を指すものである。学習障害は、その原因として、中枢神経系に何らかの機能障害があると推定されるが、視覚障害、聴覚障害、情緒障害などの障害や、環境的な要因が直接の原因となるものではない」とあります。

つまり、文字が読めても書けない、読み書きができても計算ができないなどの学習困難を抱える子どもたちです。

学習障害は学習と関わっての困難なので、まだ本格的な学習活動が始まらない幼児期に診断は確定されません。

しかし、学齢期になって診断される子どものなかには、幼児期からなんらかの気になる行動を示すことがあります。なお、不器用さが顕著な子どものなかには、「発達性協調運動障害」と診断されることもあります。

学習障害の疑いのある子どもたちのなかには、すべてにわたって遅れや弱さが見られるのでなく、特定の領域に弱さが見られるといった認知発達のアンバランスさをもつ子どももおり、また知能検査で遅れが見られない子どももいます。

しかし、がんばっているのにできない、怠けているという誤解を受けやすい子どももおり、自己評価が低くなっていくことに留意する必要があります。

第2章

子どもは変わる
——それを生みだす実践

早期療育こそ何より大事

Gくんの場合

……高機能自閉症のGくん

早期療育が大事だとよく言われます。そのときに必ず思いだすのがGくんです。Gくんは、私に「高機能自閉症」のことを初めて教えてくれました。そして、「早期療育」の必要性をあらためて知らせてくれました。

ところで、Gくんのお母さんから先日うれしい知らせが届きました。この春、普通高校に合格して、元気に高校生活を始めているとのことです。また、演劇部に入部し、きょうは部員のなかから選ばれて配役をもらいよろこんでいると報告してくださいました。

そんなお母さんは、「Gが今あるのは、通園施設のおかげ」と言われます。私はGくんのちいさいころからのことを思いだしていました。

……気持ちが通いあわせにくい

Gくんと初めて会ったのは今から一四年まえ、Gくんが二歳三か月のときです。保健所の一歳六か月児健診のときに、お母さんから心配が出され、保健師さんがしばらく相談にのり、そのころ私が担当していた通園施設の外来相談にきました。

Gくんは、きょうだいと比べてことばも遅く、お母さん以外の人が来ると泣いてしまうことがよくありました。お母さんに対しても甘えるふうでもなく、お兄ちゃんを育てた経験のあるお母さんは違和感をもったと言います。

また、物をきちんと置いたりすることにこだわるなど、妙に神経質なところが気になるということでした。

こうしたお母さんのお話と合わせて、発達検査のなかで私は、Gくんには、一歳半ごろに見られる、こちらの言ったことやしてほしいことがわかって、「いっしょにあそんだね」

という気持ちの通いあわせが見られにくいことが気になりました。

しかし、発達検査の項目のなかでは、年齢相応のことがかなりできました。

お母さんが、「この子のためになるならなんでもしたい」と、しばらく通園施設の入園まえの教室に通ったあと、親子でその通園施設に通うことになりました。

……通園施設での変化

入園当初は一人でいることが多かったGくんですが、お母さんとは違うけれど、毎日会って、ぼくのことをよくわかってくれ、安心できる先生、山登りやおさんぽ、ダイナミックなサーキットあそびなど、楽しいことをいっぱいやってくれる先生のことがだんだん好きになりました。

そして、その先生を求めていくようになりました。先生に言われるとそばに行って給食のしたくをしたり、後片づけを率先してやるようになりました。そのうち、たくさんおしゃべりもするようになりました。

二年目になると、お母さんがいっしょに通わない単独登園のときにも、生活の流れがよくわかってクラスのリーダーになり、お友だちといっしょに過ごせるようになりました。

先生たちは、保育園に行ってもみんなといっしょにやれるだろうと判断し、地元の保育園に二年間通うことになりました。

……保育園で強まった混乱

しかし保育園では、Gくんとお母さんが苦労することがしばらく続きます。通園施設のときから、自分の思いどおりにならなかったり、環境の変化があると混乱し、他の子どもにひどいことばを言ったり、ときには手が出ることもありましたが、それが保育園に行って顕著になりました。

また、まじめなところがあるGくんは、先生の言うことをやれない友だちが一人でもいると、「おい、なんでやらないんだ」と友だちを責めたてます。

運動会では、自分の出番以外の種目もすべてに出場するGくんの姿がありました。園長先生は、「Gくんを座らせておけないの?」と担任の先生に指示します。担任の先生はあわててGくんを連れにいきますが、それでもまた次の種目になるとGくんは出ていって、なかに入っているのでした。

……ガラス割り事件

こうしたGくんが、その年に大変な事件を起こします。保育園でたまたま向こうにいるお友だちに呼びかけようとして窓ガラスをたたいたところ、ガラスが割れて飛び散ったのです。その破片でお友だちが顔にけがをしました。園長先生は激怒し、お母さんにきついことばを言われました。そのとき、お母さんはじっと耐えて頭をさげていたと言います。

そして、通園施設の先生に相談して、連絡を受けた私と市役所の相談員が、すぐに保育園に出向いたところ、「なんで、こんな子どもを入園させたのですか?」と、私たちも叱られました。

……不安から起こす「わがまま」な行動

私は、なぜGくんが保育園でそんな行動をするのかを知るために、発達検査をさせていただきたいとお願いし、お母さん同席のうえ、Gくんと会いました。

ところがGくんは、発達検査ではどんどん課題をこなしていきました。Gくんは、知的にはかなり高い力があることがわかりました。でもそのやり方をくわしく見ると、独特のやり方をしたり、お母さんも「まるで連想ゲームみたい」と表現されるような型にはまった言い方をすることがありました。

そのころ、文献などで「高機能自閉症」ということばをよく見かけるようになりました。私は、Gくんの姿を通して初めてこのことを知りました。つまり、よくおしゃべりもし、いろんなことがわかっているので、「わがまま」だと園の先生方はとらえてしまうのですが、Gくんにとっては社会性の障害ゆえ、保育園のなかでの情報に混乱して、「どうしていいのかわからない」という不安のなかで、思わぬことをしたり、自分勝手でぞんざいに見える行動をとったりすることもあるのではないかと思いました。

……わかりやすい環境設定と具体的に伝える工夫

そこでまず先生に、こうしたGくんが混乱しやすい行事などの場面では、わかりやすい環境設定や指示を大事にすること、そして、混乱したことからくる場にそぐわない行動に対して叱責するのでなく、Gくんが安心できるような関わりを工夫しながら、今やることや、やってはいけないことは何なのかを具体的に伝えることをお願いしました。

その後、通常学級にすすんだGくんは、ときにはハプニングを起こすこともありましたが、お母さんは、何かあったときには、まわりの保護者や学校の先生ともていねいに信頼関係をつくって問題解決に当たりました。また、そのつど、通園施設の先生や相談機関に相談しながら小中学校時代を過ごし、Gくんはステキな青年に育っていきました。

……通園施設の役割

全国に障害幼児のための通園施設があります。そこでは、Gくんがそうであったように、保護者と子どもたちのための熱心で地道な実践が行われてきました。

そうした子どもたちの成長と、保護者、専門職の二人三脚の歩みが、最近本になって出版されています（高阪正枝『イケイケパニッカー』、高城寛志・星河美雪『高機能自閉症の子育てと療育・教育』など。〈二冊とも発行は、クリエイツかもがわ〉)。

……通園事業(児童デイサービス)の役割

また、通園施設のない自治体のなかには、児童デイサービスという通園の施設が設置されているところもあり、通園施設と同じように、子育て支援と子どもたちの発達保障の取りくみが行われています。

これらの施設は、乳幼児健診(健康診査)が実施されている保健所、保健センターや保育園・幼稚園と連携をとりながら、早い時期から、子どもに合った形で子育てと子どもの発達を支援しようとしています。子育てのしにくさにていねいに対応し、前向きに子育てをしている保護者を支えています。そうした通園施設、児童デイサービスのなかで育った子どもたちが、保育園、幼稚園に入園(あるいは併行通園)し、集団保育のなかでさらに発達の力をひろげています。

……早期療育が危ない!

ところが、最近この通園施設に関してきびしい問題が起こっています。それは、二〇〇五年一〇月に「障害者自立支援法」が成立し、利用契約制度が通園施設にも適用されたり、給食費の徴収など保護者の費用が増えるような制度に移行したことです(くわしくは六六ページ)。

通園施設や児童デイサービスの療育は、保護者が、わが子が障害をもっていることを気づいたり、受けとめたりするまえからも始められます。保護者が感じる子どもの育てにくさや子育ての不安を受けとめ、子どもに合った取りくみを保障しながら、ていねいに発達を見つめていくことに重要な意味があります。

そのときに、まるで、「おたくの子どもさんに障害があることを認めなければ療育は受けられません」「お金を払っていただかないと受けられません」というような敷居を利用契約制度や費用負担が作りだすのではないかと心配されます。これは、早期療育の考え方になじみません。

保護者が「育てにくい」「発達が心配」と感じたとき、いち早くその子に合った支援の手を差し伸べ、保護者と子どもの心の支えとなれる専門機関の存在が重要なのです。

Gくんが今、高校の演劇部でがんばっているという姿を思い浮かべるとき、これから出あう子どもたちも、Gくんのように自分のよさを生かしてほしいと心から思います。そのためには、早期療育を後退させるようなことがあってはならないのです。

障害者自立支援法

基礎知識4

身体障害・知的障害・精神障害をもつ人に対する福祉サービスを一本化し、医療費や施設の食費などの自己負担を一律に図ることを目的に制定されたものです。

二〇〇三年度から身体・知的障害者に導入されていた「支援費」制度などは、障害者は所得に応じて費用を負担する仕組み（応能負担）で、児童デイサービスやホームヘルプサービスを受ける場合、九割以上の障害者は負担なしですんでいました。

しかし、この支援費制度が、二〇〇三、二〇〇四年度に大幅な「予算不足」になってしまいました。そのため、これまでの施策の補助金が見直される方針が出され、障害者福祉施策を根本から検討し直さなければならない事態の流れのなかで出てきたものです。

この障害者自立支援法では、基本的にサービス量に応じて本人が一割負担する仕組み（応益負担）が導入されています。二〇〇六年四月より、障害児者の入所・通所施設の食費は原則自己負担とされ、サービスの費用や障害に関する医療費の一割負担も始まり、障害者の生活や健康に深刻な影響を及ぼしています。また、当初発達期にある乳幼児への適用には問題が大きいと言われていましたが、導入されることになっています。

たとえば、障害幼児のなかに偏食のきつい子ども、ドロドロやペースト状にするなど段階食が必要な子どももおり、給食による食事指導は療育の一環とも言えますが、給食が実費負担となると、給食を断る家庭も出てくることが考えられます。

また、車いすや歩行のための靴などの補装具は子どもの成長によって作り変えたりオーダーメイドにする必要がありますが、一割負担になると、少々小さくてもがまんということが出てくる心配があります。

さらに、児童デイサービスなどを利用する際に、介護の状態などの調査を受けることが必要とされます。

その際に本書で対象としている軽度発達障害児がサービスの対象にならなかったり、ご家族が煩雑な手続きを拒否されることも考えられます。こうしたことによって早期療育が後退するのではないかとの懸念が出ています。

（二〇〇六年六月現在）

現在早期発見の役割を主に担っているのは、一歳六か月児健診、三歳児健診などの乳幼児健診で、市町村の保健所や保健センターで実施されています。

また、早期対応は、医療機関での治療やリハビリテーション、そして早期療育と称される発達援助や両親への子育て支援などがあげられます。

そのうち、早期療育制度は、国の制度で知的障害児通園施設、肢体不自由児通園施設、難聴幼児通園施設の三種類の通園施設が設置されており、これらの通園施設が設置されていない地域に、補助金制度として、障害児通園（デイサービス）事業があります。児童デイサービス事業は、施設という名称は使われていませんが、通園施設と同じ性格の業務を担っています。

これらの通園施設、通園事業において、地域支援の機能として保育園、幼稚園巡回相談や施設に入所していない児童に対しての相談、発達支援が行われていることが多いです。

この他に盲学校、聾学校の幼稚部や、最近では養護学校が地域支援の一環として幼児の療育事業を行っているところもあります。

また、二〇〇四年に制定された発達障害者支援法によって各地に発達障害者支援センターの設置が行われており、発達障害児の早期療育や地域支援が実施されてきています。

しかし、これらの制度は地方自治体に設置義務があるわけでなく、地域間の格差が生じています。また、障害者自立支援法によって応能負担から応益負担に変わったことにより給食などの費用の実費徴収が生じています。

二〇〇六年一〇月から障害児施設は、虐待関係の施設以外は措置制度から利用契約制度に移行することが決まっています。利用契約は、経済的負担や手続きの煩雑化をもたらし、子どもの障害の受容に心を悩ませている親にとっては、ハードルが高く、それゆえ療育を受けることをためらうご家庭も出てくるかもしれません。

これによって、地域間格差だけでなく、家庭の経済間格差によって受けられるサービスにも差が生じることが懸念されています。

（二〇〇六年六月現在）

友だちが見守るなかで思いを出せた！

Hくんの場合

……広汎性発達障害のHくんと保育

岡山の白鳩保育園の吉岡万貴子先生が、広汎性発達障害と診断されたHくんを、三歳児クラスで受けいれた実践の記録が、『ちいさいなかま』二〇〇六年五月号に掲載されました。その内容を抜粋しながら、保育園での取りくみについて考えたいと思います。

……保育園が好きな場所になってほしい

Hくんは、三歳で入園しました。在籍するクラスには、在園児で進級した子どもが一九名、新入園の子どもは五名。そのなかで、Hくんを含め三人の新入園児が発達障害児と診断された子どもたちだったので、二名の正規保育士の他、一名のパート保育士が配置されていました。

入園当時のHくんは、とてもおとなしく、みんなのなかへ自分から入っていくことが苦手でした。ですから、友だちに話しかけられると下を向いてしまうことが多く、なかなか自分から話しかけることはありません。

でも、吉岡先生たちの問いかけには、ちいさい声ですが答えることができ、生活やあそびも先生がそばにいることで落ち着いてできていました。そのようなHくんの姿から先生たちは、「まずはHくんが保育園を好きになって楽しく思える場所にしよう」と考え、Hくんには無理強いをせずに見守っていくことにしました。

……「やりたくない」とそっぽを向いたHくん

五月中ごろになって、Hくんに一つの変化が見られました。食事まえにまったく動かなくなってしまったのです。先生たちが誘っても、好きな友だちに誘われても、手をはらいのけてしまいます。そして大きな声で、「やりたくないんだよ!」とそっぽを向いてしまうのです。

Hくんが、こんなに自分の気持ちや思いを率直に出したことがなかったので、先生たちはびっくりしましたが、同時にうれしいことでもありました。そのうえで、どうすればHくんがスムーズに食事の用意ができるのだろうか、と先生たちは話しあいました。

するとあることに気づきました。それは園生活において、給食の時間までにいろいろな活動のパターンがあるということです。

たとえば、散歩から戻って給食の日もあれば、椅子に座って製作をしたあとに給食、という日もあります。生活の流れが毎日バラバラで、Hくんにはどの活動の次に給食があるのか、ということがわかりづらいのではないかと先生たちは考えたのです。

……生活の流れをわかりやすくすることで見とおしがもてる

そこでHくんに、先生といっしょに給食を取りにいくという役目をもたせることにしました。また、食事のときには机を決まった位置に置いて、座る場所がはっきりわかるようにHくんのマークシールを貼ることにしました。そして、食事のまえに「手洗い→椅子、コップ運び→食事を取りにいく」という一つの決まった流れを作りました。

その結果、Hくんは次の行動への見とおしがもて、いつも同じ場所に自分の座る場所があるという安心感をもてたからか、スムーズに給食の用意ができるようになりました。

……力を貸してくれたクラスの子どもたち

先生たちは、こうしたＨくんに対しての特別な配慮のことを、クラスの子どもたちがどのように思っているか気になっていました。なんでもやりたい、なんでもできると思っている三歳児です。「なんでＨくんだけ？」と子どもたちに言われるかもしれない、と先生たちは心配しました。

しかし、誰一人Ｈくんのことを聞いてきませんでした。それどころか、「Ｈくん、ご飯お願いね！」とＨくんに声をかけたり、Ｈくんのマークのところには座らないようにお互いが声をかけあったりするような姿が見られました。クラスの子どもたちには、Ｈくんの障害のことについて特別に話をしてはいませんでした。

でも、子どもたちなりに何かを感じ、Ｈくんの弱い部分を認めて力を貸してくれたのです。クラスに思いやりの心が育っていることを感じ、先生たちは本当にうれしく思いました。

……方言を話しだしたＨくん

このころからＨくんのことば遣いが変わりはじめました。クラスの子どもたちは、バリバリの岡山弁を使っていましたが、Hくんはテレビで聞くような標準語でした。そんな、Hくんの標準語が岡山弁に変わってきたのです。

友だちが「Hくん、お願いね！」と言うと、「うん、言ってくるわぁ」とうれしそうに取りにいきます。食事中も、「Hなぁー、野菜きらいなんじゃ！　じゃけど、がんばって食べるんよ。オエッーてならんでー」と、楽しそうに話ができるようになりました。

……みんなの前であいさつができた！

その後、当番活動にも取りくめるようになりました。最初は名前を呼ばれただけで泣きだしていたHくんが、九月になると、帰りの会でみんなといっしょに「がんばります」と言える姿も見られました。まだ、みんなの前には出てくることはできませんでしたが、この姿は大きな一歩でした。

そのうち、お当番で名前を呼ばれると、一人で前に出てくるようにもなりました。さらに、「ぞうグループのHです。お当番がんばります」とあいさつしたのです。決して大きい声ではありませんでしたが、みんなの前に立つ姿に、先生たちは本当に感動しました。

子どもたちも先生のところにそっと来て、「Hくん言えたなあ！」「やったなあー」とよろこんでくれました。しかも、子どもたちは、大げさによろこぶとHくんがとまどってしまうと思ったのか、静かに報告してくれたのです。先生たちは感心しました。

吉岡先生は、その日お迎えに来られたお母さんにそのことを伝えると、お母さんは涙を流してよろこばれたそうです。

……先生の心配をよそに、舞台でじょうずに演じるHくん

一月ごろから三月の生活発表会に向けて、クラスでは『ガラス目玉と金の角のヤギ』の劇あそびに取りくみました。なんどか取りくむなかでHくんは、うさぎの役をよろこんでやるようになりました。一方で先生たちは、クラスの友だちとは楽しく取りくめるようになったけれど、おおぜいの人が見る発表会の舞台の上では緊張してしまうのではないか、と不安を抱いていました。吉岡先生も不安になったり、「でも、できるはず」と思ったり、いろいろな思いをめぐらしていました。

しかし、先生たちの心配をよそに、Hくんはピョンピョンと跳んで舞台に出て、うさぎの役をじょうずにやることができました。

……崩れた気持ちを自分で立てなおして

また、この発表会では、ゴムまりつきにも挑戦しました。最初、Hくんは舞台に上がるとき転んでしまい、泣きだしてまりをつくことがまったくできませんでした。伴奏のピアノを弾いていた吉岡先生は、もう舞台に上がれないのではないかと心配になりました。

でも先生たちは、やっと片手でまりをつけるところまで、一生懸命に取りくんできた成果をみんなに見てもらいたいという気持ちも強くありました。そこで、順番を遅らせて「もう一度行く?」とHくんに聞きました。すると、Hくんは「自分で出る」と決めて再び舞台に上がっていったのです。

一度崩れてしまった気持ちを立てなおして舞台に上がってきたHくんの姿に感激しながら、先生はピアノ伴奏をしていました。

……自他ともに「力がついた」と認めるできごとが自信に

その後、Hくんは毎日元気いっぱいで保育園に通っています。夏に行われる縦割り保育では二歳児のお世話という役割をもちました。Hくんは、たくさん話しかけたり手を貸したりという方法ではなく、そっと傍らにいてやさしく接することで二歳児の子どもと仲よくなり、とてもいい関係ができていました。

また、それまで仲よしのIくんにほとんど手を引かれて連れていかれるような関係がありましたが、しだいにHくんが主導していける力を身につけました。

このように、自他ともに「力がついた」と認めるできごとが、Hくんに大きな自信を与えたのだと先生たちは感じました。

……子どもの気持ちや行動の変化を見のがさない目をもつこと

私は、この実践に触れたとき、いくつか大事な実践の視点が示されていると思いました。一つは、先生たちがHくんの微妙な気持ちの変化を逃さない目をもっていたということです。

それは、Hくんは友だちと関わることが苦手に見えたけれど、おとなとだったら話もできるしあそびもやれるという姿を見いだしたということです。そこで、まずは無理をしない方法で、Hくんにとって保育園が安心できる好きな場所になるよう配慮したということ。また、Hくんの「やりたくないんだよ」といった一見マイナスに見える行動を、マイナスととらえずに、思いを出せた大事な変化ととらえたことです。

でも、なぜHくんがそのような姿を見せるのかを職員集団で検討しました。そのなかで給食までの活動が日によって違い、流れが一定しないことから不安をもつのではないか、ということに思いあたりました。そこで、給食までの流れを決め、給食を取りにいくという役割をHくんにもたせました。また、机にHくんのマークシールを貼るなどの工夫をしました。

こうした方法は、広汎性発達障害児のための方法だからというものではなく、吉岡先生たちがHくんの見通しをもちにくいことからくる不安な気持ちを見つめていたなかで考えられた方策だと言えます。それは、Hくんが岡山弁を話しだしたことを、少しずつ自分の気持ちが出せ、生活に見とおしがもてるようになっていくことに合わせて変化してきたととらえていることからもわかります。

……子どもと保育者、子ども同士の信頼関係のうえに育つもの

そして、自然とまわりの子どもたちのなかにHくんへの信頼感が生まれていきます。吉岡先生も述べているように、三歳児はややもすると自分が一番の時期のため、特別扱いされる子どもに対し、「どうしてあの子だけ」という気持ちが生じやすい時期でもあります。

しかし、Hくんの障害のことを子どもたちに特別なこととして話すのではなく、子どもなりの感じ方を大事にしました。すると、Hくんの弱い部分を認めて力を貸すような配慮の仕方を子ども自身がするようになったのです。それは、おそらくクラスの子どもたちと吉岡先生たちとの信頼関係があったこと、そして、クラスのなかで子どもたち同士の認めあう関係を大切にはぐくんでいたことが基盤にあったのだと思います。

そのようなクラスのなかで、生活発表会や縦割り保育で自信をつけ、友だちに対して受身的な関係だけでなく、対等な関係にも変わっていったHくんの人間関係の広がりを見ることができます。対人関係に障害をもつHくんだからこそ、先生や友だちとの信頼関係をもとに、その関係を広げていったことはとても重要な変化です。

……保育者の視点と担任を支える職員集団の大切さ

保育園、幼稚園の実践には必ずしも一つの方法がいいということはありません。かえって、ある方法を当てはめることが子どもたちに無理を強いらせ、先生と子どもや子ども同士のなかで不信感を生む可能性もあります。そこで必要なのは、保育者の子どもを見つめる目の確かさと、子どもの姿から保育を検討し、修正もできる職員集団だということです。それをこの実践から学ぶことができるでしょう。

吉岡先生は三歳児クラスの担任をもつとき、Hくんの障害を受けとめ保育していくことに不安があったと言います。しかし、Hくんの弱い部分をそのまま受けとめ、無理強いするのではなく、環境を整えながら、Hくんが「自分でやりたい」と思えるようにていねいに対応してきました。また、担任を支える園の保育者たち、そして、何より同じクラスの子どもたちが力になってくれたことがあって、Hくんのここまでの成長が見られたのではないかと書いています。Hくんがいたからこそ、クラスの子どもたちがなかまを思いやり、力を貸し、認めあい支えあうクラス集団ができたのではないかということです。

特別な配慮の必要な子どもたちへの保育者の対応が、まわりの子どもたちからその子との関係を切り離してしまうようなものでなく、他の子どもたちとの強い結びつきを作るきっかけになるということをこの実践が示しています。

激しい行動に隠れた「本当の願い」を探る

Jくんの場合

……「心を抱く」実践との出あい

私が以前勤めていた愛知県立大学に、近藤郁夫という教育学を専門としている名物教授がいました。あまり身なりをかまわないので、一見「下町のおじさん」という風貌なのですが、独特の言いまわしと心意気のよさは、多くの学生たちを惹きつけるものがありました。私も、しばしば近藤先生の研究室に出向いて、大学で何をどう教えるべきか、学生たちをどう愛するのか、教師としてのあるべき姿を教えていただきました。

あるとき、近藤先生からワープロで書かれた原稿の束を見せられました。「これを読んでみ」と言いながら渡されたものは、愛知県で学童保育所の指導員をしている森崎照子さんの実践記録でした。私は読みながら、力のある実践家がいると感じました（その後、『心を抱く』〈ひとなる書房〉『心の共鳴』〈法政出版〉などの本として出版）。でもそのころの私には、残念ながらその実践の深い意味は十分理解できませんでした。

……生活全体を通して子どもの育ちを見ることの大切さ

しかしあるとき、学童保育指導員の研修でお話したことがきっかけで、その実践にふれることになりました。久しぶりに読んだ『心を抱く』は新鮮で、驚きと感動がありました。

読んでいるうちに涙がにじんでくる箇所もありました。なぜなら、そこで貫かれている実践の視点やそれを表現したことばの一つひとつが、今、私がクリニックの心理相談や学校巡回相談活動で直面している きびしい現状に、見とおしを与えてくれるものだったからです。子どもたちの苦しみとその子を抱えたお母さんの揺れや悩み。解決策が十分見いだせずに生じる学校と家庭の食い違い。学級や地域の集団から阻害され、すさまじい荒れを示す子どもの姿。こうしたことに専門家として対応しながら、何もできない私自身の直面している悩みに、まるで一筋の光を当ててくれるような文章がそこにありました。

改めてこの子どもたちの育ちは、学校や園という枠だけでなく、生活全体を通して見ていくことが必要だということも感じました。近藤先生の師匠でもあり、私も発達診断を学ぶ機会を得た田中昌人先生（京都大学名誉教授）が、かつて重症心身障害児の実践を通して語っていた、「夕方に育つ」ということばを思いだしました。まさしく、学童保育の指導員の方たちが、子どもたちの「夕方」の発達保障を担う大切な役割を果たしているのです。

最近は学童保育に、配慮が必要な子どもが入所してきて、その対応に苦慮しているという話も聞きます。しかし、森崎先生をはじめ、全国の学童保育の指導員の熱意あふれるひたむきな実践がされています。岐阜の見尾谷先生の実践もその一つです。内容を変えてはいますが、実践のひとこまを紹介したいと思います。

……学童保育に入所してきたJくん

Jくんは、小学校二年生のときに他市から引っ越してきました。お母さんが学童保育所に入れてほしいと、Jくんを連れてきました。Jくんは目がくりくりしてかわいい男の子でした。お母さんのそばでじっと見尾谷先生を見つめています。

あとから考えると、「この先生はぼくのことをどう思っているんだろう」という、こちらを試すような目だったということです。よく聞いてみると、Jくんとお母さんはかなり精神的に傷ついていました。Ｊくんの乱暴な行動のため、地域からバッシングを受けているという話でした。家庭の事情で引っ越したとのことですが、もしかすると、そんな状況に耐えられず、行き場所を求めていたのかもしれません。

……イライラを友だちにぶつける

入所後しばらくは、Ｊくんは新しい場所をうかがうかのように、落ち着いていました。しかし、しばらくして生活に慣れると、気になる行動が見られ、それが激しいものになっていきました。Ｊくんは、まわりの子どもたちにちょっとしたことで腹をたてることがあります。目を離すと、一年生の子どもの首を絞めるまねをしていることもありました。また、友だちの頭を壁に打ちつけていることもあり、あわてて指導員が止めに入ることもありました。アルバイトの加配指導員を配置してもらっていますが、ちょっと目を離したすきに、事件が起こることもありました。

しかし、そうしたトラブルが起きるとき、Ｊくんは必ず爪をかんでいることがわかりました。Ｊくんの爪はかなりの深爪になっていて、血が出てくることもありました。つまり、イライラしていることの表れなのですが、ときにはそのイライラを、友だちにぶつけようとするところがあるようなのです。もてあましている自分の感情を、友だちへの暴力で解決しようとするようなまちがった関係の取り方が、見尾谷先生は気になりました。また、そうしたイライラは、学校生活で嫌なことがあったときに多いこともわかりました。

……ホタルに魅せられたJくん

Jくんが学童に通って数か月たったころ、ホタルの季節になりました。見尾谷先生はお母さんが、「Jはホタルを一度も見たことがない」と言っていたので、一度見にいってはどうかと考えました。なぜなら先生は、Jくんが命の大切さや生き物をいたわる経験をすることが、お友だちとの関係にも何かいい影響をもたらしてくれるのではないかと考えたからです。

車の中からホタルは見えました。たくさんのホタルがフワフワと飛んでいます。Jくんは最初、「たくさんの電気がついているね」と言っていましたが、そのうちホタルに魅せられ、どんどん近づいて手を伸ばしていきました。表情はいきいきとして輝いていました。

そしてそんなときJくんは、ふっとお母さんに甘えるしぐさをしました。ところがお母さんはそうしたJくんにからだを硬くしてしまい、甘えさせることができないのです。先生はびっくりしました。おそらくお母さんは、これまでJくんの動きの激しさに振りまわされ、まわりからは責められて、親子の情緒的なつながりの機会を十分にもてずにいたのではないかと、先生は思いました。先生は、「お母さん、おんぶしてあげてよ」と言ってJくんをだっこし、お母さんの背中に乗せました。その間、先生は車の中で待っていました。ホタルがフワフワ浮かぶ光のなかで、Jくん親子のしっとりした姿が浮かびあがりました。

……犬のウンチ事件

二年生では、学校の担任の先生ともよく話しあい、学級のなかでJくんを受けいれるための取りくみがなされ、Jくんは落ち着いてきました。ところが三年生になって、その担任の先生が他の学校に転勤してしまいました。

そんなあるとき、大変な事件が起こりました。Jくんが、学童のなかまのKくんに犬のウンチを食べよ、と強く命令し、Kくんは少しですがウンチを口にしてしまったのです。そのことを他の子どもたちが先生に打ちあけたので、問題が発覚したのです。そのころ、Jくんは学校でも荒れることがありました。突然窓からおりるかっこうをして、「ぼくなんか死んでやる」と言うこともあった時期でした。

見尾谷先生は、KくんとJくんの二人を呼んで真相を確かめました。すると、Kくんは神妙な面持ちで対していましたが、Jくんは一応あやまるものの、どことなく素知らぬ顔をしています。本当に悪いとは思っていない表情でした。先生はショックを受けました。

「ここで許してはとんでもないことになる」、そう思いました。そこで、お母さんにもこのことを伝えることにしました。お母さんは大変なショックを受け、「Jにも同じような目にあわせてやりたい」と言って、「帰ってきたらウンチを食べさせる」とすごい勢いで怒りました。Jくんも「ぼく、ウンチを食べないといけないの？」とおびえています。先生はしまった、と思いました。そこで、Jくんとお母さんといっしょに、Kくんの家に誠意をもってあやまりにいこうと考えました。

Kくんの家に行くと、お父さん、お母さんが待ちかまえていました。お父さんは腕組みをしてじっと下を向いて座っています。Jくんのお母さんは、以前に地域でバッシングにあったことが頭をよぎり、「何を言われても仕方ない」と、覚悟していました。Kくんのお父さんがきびしい顔で近づいてきたとき、Jくんは殴られると思い、目をつむりました。ところが、お父さんはJくんの頭をなでて、「ぼうず、もうやったらいかんぞ」とひとこと言ったのです。そして、Kくんもうながされて仲なおりの手をつなぎにきました。しばらくJくんはキョトンとしていましたが、それがうれしかったのでしょう、「ぼくのこのおもちゃあげる！」とKくんに差しだしました。そうしたつたない表現の仕方でしたが、Jくんは安心したおだやかな表情になっていました。一方、Jくんのお母さんは、泣いていました。

そのあともちいさなトラブルはありましたが、Jくんは落ち着いて過ごすようになり、四年生で卒所したあとも、「ぼくが下級生のめんどうを見なければ」と言いながら、ときどき学童に顔を出しています。お母さんも、何かあると見尾谷先生に相談にきたり、学童の行事の応援にかけつけてくれることもあるそうです。

Ｊくんは、発達障害があるとの診断を受けていますが、そこで見られるのは、人との関係の取り方の不器用さであり、人に対しての被害者意識から、「ぼくなんかどうせ」と投げやりになっている姿です。Ｊくんの行動の荒れをもたらしているのは、二次的に作られた自尊感情の低さです。

……激しい行動に隠れている「子どもの本当の願い」をつかむ

しかし先生は、その行動の激しさの背景に隠れたＪくんの感情をつかみ、実践につなげたのです。だからこそ、Ｊくんを信じる気持ちを捨てませんでした。そんな先生の熱い気持ちがお母さんの心の揺れを支え、まわりの保護者との関係も変えていったのだと思います。森崎先生は、そうした「目に見えない気持ち」「人恋しさ」をつかむことの重要性を指摘します。「きっと子どもは求めている、本当の願いはそうでないと信じきることが変化につながる」という姿勢が貫かれています。

学童保育の条件はきびしいものがありますが、こうしたひたむきな、子どもを信じる、信じぬく指導員の心意気と実践の確かさが、子どもたちや、そして、子どもたちを取りまくおとなたちを結びつけることになるのだと思います。「夕方」の生活を支えるこの仕事がさらに位置づけられ、発達保障の実践がすすめられていくことを願っています。

楽しいあそびを通して人間関係を育てる

Lくんの場合

「問題行動」をどうとらえるか①

……保育者を悩ますたたく、かみつくなどのトラブル

保育園や幼稚園の相談のなかで、一番多くあげられる相談は、飛びだし、友だちをたたく、かみつくなどのトラブルを起こしたときに、どう対応したらいいいか、ということです。こうした行動は、事故やけがにつながる心配もあり、「問題行動」と称されることがあり

ます。

確かに、園のなかでの危険で目が離せない行動は、保育者を悩ませます。また、子どもたちのなかで許せないこともあり、そうした行動を注意することになりますが、その注意をしても聞いてくれないばかりか、かえってパニックになって大きく暴れて、保育者との関係も悪くなってしまうことがあるという話も聞きます。

……問題行動だけに目を奪われると解決できない

これまでも触れてきたように、問題と見える子どもの行動の背景に、その子の願いが隠されているという実践者の思いがありますが、子どもの行動があまりに激しいと、願いがあるなんて思えなくなる場合もあるかもしれません。

それでも問題行動だけに目を奪われていると、なかなか解決の糸口は見つかりません。「きっと子どもはこの状態を望んでいないはずだ、何かのきっかけがあるはずだ」と信じて関わる実践者と出あってきました。

……正しい「その子理解」が求められている

障害の理解とともに、正しい「その子理解」をすすめ、問題ととらえられている行動の背景にある発達や、内面の理解をすすめることが今とても求められており、実践者の助けになる専門機関の役割が重要だと思います。

私が所属する全国障害者問題研究会の全国大会などの場で、専門機関の立場からこの点について実践を提案してこられた、広島の福山地域「ゼノこばと園」（以下こばと園）の神谷さとみ先生をはじめとする同園の先生方がまとめられた実践から学びたいと思います。

……目が離せない、Lくん

Lくんは、三歳三か月で保育園に入園してきた男の子です。入園してすぐのころ、Lくんは保育園の自分のクラスの部屋からいなくなってしまい、「Lくん、どこ行った？」と先生が探しまわっている状態でした。そんなときLくんは、よく三歳未満児クラスにいることがあり、そのクラスの子どもたちのおもちゃや遊具で遊んでいました。

おさんぽに行っても、他の子どもたちとは手をつなごうとしません。一人でどんどん歩いていき、だんご虫など大好きな虫を見つけると、飛んでいってしまうのです。おさんぽの列からそれてしまうので、たえず一人の先生がつきっきりということになります。

また、よく職員室に入ってきて、先生の机の上にあるものに次々とさわります。そこで、欲しいものがあると持っていこうとして、それがかなわなかったり、行動を止められたりすると、全身でギャーギャーと大声を張りあげ、物を投げたりします。そういうときにそばにいる友だちをかんだり、たたいたりしてけがをさせることもありました。保育園の先生は悩んでいました。そして、こばと園に相談にきました。お母さんもＬくんの子育てに悩み、疲れているようでした。

こばと園の先生たちは、それまでのＬくんの育ちをゆっくり聞くことにしました。

……お母さんのしんどい日々

Ｌくんは、ゼロ歳台の前半は、おとなしくよく眠り、手がかからない赤ちゃんでした。また、人見知りもなく、誰に抱かれても平気だったと言います。

ところが、八か月ごろからもう歩きはじめ、一〇か月ごろには走りまわっていました。そして、二歳ごろになると、目が離せない状態になりました。その動き方は非常に激しく、家の中でもじっとしていないことが多いので、お母さんは、食事のしたくをするときに、外に出ていってしまわないように鍵をかけて、Ｌくんの行動に気をつけながら調理をしていました。

スーパーマーケットに買い物に行っても、一人でウロウロとどこかへ行ってしまい、呼んでも戻ってこないので、追いかけまわすことがたびたびありました。手が赤くなるほどＬくんの手をしっかり握って買い物をすることもありました。

このように、お母さんにとって毎日がしんどい状態であったということです。

……Lくんの行動を発達的にとらえる

こばと園の先生たちは、お母さんの話に耳を傾けながら、その苦労を感じとりました。そしてLくんは、保育所の集団のなかだけでなく、こばと園で、療育をしていく必要があると考えました。

しかし、Lくんのように発達には大きな遅れは見られないのに、ここまで激しい動き方をする子どもは、こばと園でもそれまでにたくさんいたわけではありません。じっくり療育の方針を考えていき、そして保育園や家庭と連携をとることが必要だと考えました。

そこで、Lくんの気になる行動の背景にどのような発達上の要因があるのかを、それまでの育ちと関わらせて十分に検討していく必要があると考え、次のようなことを話しあいました。

……やりとりのなかで人との関係が育つゼロ歳児後半

Lくんは、八か月ごろに歩き、一〇か月ごろにはすでに走りまわるような動きの多い状態でした。通常このころは、お座りやだっこなどでおとなとゆったり向かいあったり、お母さんがたたんでいる洗濯物の上に這いながら乗って、メッと叱られながらだっこされるなど、やりとりのなかで人との関係を育てていく時期です。

また、お母さんとそれ以外の人との違いを認識し、人見知りという形でおとなとの愛着関係の深まりを見せるときです。

……人との関係、物との関わりが希薄になったLくん

Lくんは、ちょうどそのころ、突き動かされるように動きまわっていたので、こうした人との関係を育てていくことがむずかしかったようです。通常は、こうしたおとなとの情緒的なつながりをもとに、物の性質や扱い方、体験と結びついた「あのこと」「この場面」の認識（表象と言われる）が育っていきます。これは、ことばの育ちにも影響し、物には名前があることを学んでいきます。

Lくんの場合は、落ち着きなく動きまわることが多かったため、人との関係も物との関わりも希薄になり、物事の理解や表象の世界が育ちにくかったと考えられます。だから、見えないものをイメージしたり、先の見とおしをもつことがむずかしく、その結果よけいに目の前の刺激に反応してしまうことになっていたのではないかと、先生たちは考えました。

……「おばけごっこ」で気持ちがつながる

こうした発達の理解にたって、先生たちは、まず、「いっしょにあそんで楽しい」とい

う人間関係を育てることを大事にしなければいけないと思いました。

そして、目的がはっきりしていて、すぐに楽しいと感じられる場面のある、しかも「やること」がわかりやすいあそびがいいのではないかと考えました。

けれども、そんなあそびはすぐには見つかりません。いろいろ試して、たくさんあそんで、あそびほうけて出てきたのが、おばけごっこです。

布シーツを使って、たっぷりとゆさぶりあそびをしたり、先生が布シーツをかぶっておばけになり、「マテマテ」とおいかけっこをしたりしました。

Lくんは、こわがりやなので、なかなか中に入ってきません。けれど遠まきに見ています。きっと、「こわいけれど、やってみたいなあ」と思っているに違いないと思い、そうっと近づいていきました。すると、キャーキャー言って逃げまわり、やはりLくんは期待していたことがわかりました。この瞬間、Lくんと気持ちがつながったような気がしました。そして、だんだんあそびが盛りあがり、大きなあそびになっていきました。

……あそびに夢中なとき、衝動的行動は見られない

このように、あそびに夢中になっているときには、それまで見られたような衝動的な行動がないことに先生は気がつきました。外に人が通ったり、音が聞こえると、いったんは外に出ていこうとすることもありますが、あそびが始まると必ず、戻ってくるようになり

ました。

……あそびのなかで友だちを意識するように

ときには、自分から布を持ってきて「おばけして」と要求を出します。この「おばけごっこ」では、一時間ぐらい集中してあそべるようになってきました。そのなかでお友だちを意識したり、動きを止めてカーテンに隠れて見つかるかどうか待てるようにもなりました。Ｌくんが初めて見せる姿でした。

また、自分がおばけになって追いかけてきたりすることもあり、バリエーションを加えていき、より楽しいあそびに発展していきました。そして、「おばけごっこやろう」と言うと、「やったー」と言って、今やっていることを次の行動にスッと切りかえることもできるようになったのです。あそびをしたいから片づけをすることもスムーズになり、「えらいね」とほめる機会も増えてきました。

……楽しいからこそ待てる、切りかえる

このように、楽しいからこそ待てる、じっと集中できる、そして前に楽しいことがあればそれを思い浮かべて気持ちを切りかえることもできるのです。Ｌくんとの関わりのなかで、あらためてそれを感じました。

じっとしていられないから、静かに座る練習をするのではなく、しっかりからだを動かし、じっくりあそんだ満足感をまず感じてほしいと、こばと園の先生たちは考えたのです。人との関わりのなかで笑いあい、人とあそぶのが楽しいという気持ちを育てること。また、楽しい活動を提示することによって、見とおす力を育てることが、Lくんの発達経過のなかで大事だと考えたのです。

楽しくてたまらないというあそびのなかで、笑いあいながらたっぷり関わってもらえる先生やお母さんとの関係が育ってきました。

……保育園の活動にも参加できるように

Lくんは、保育園でも、みんながやっている活動に興味をもつようになり、集団での活動に参加できるようになっていきました。また、他の子どもとのトラブルがあったり、自分の思いが通らずに怒ったり泣いたりしたときも、お母さんに抱かれてこぶしを握りしめて、がまんすることができるようになりました。おとなが「だめよ」と言うと、すっと行動を切りかえていけるようにもなっていきました。

……発達の土壌を耕すこと

問題行動が見られたとき、どうしてもその行動の対応に追われがちになります。もちろん危険なことを防ぎ、やってはいけないことを制止していくことは必要ですが、同時に、発達の土壌を耕すことと合わせてよりよい行動を増やしていくことが大事です。Ｌくんの場合、人との楽しい関わりあいやあそびがそうでした。

そのなかで、人にほめられたり、人との気持ちの通いあわせが増えていきます。そのことが問題行動を結果として減らすことになると、Ｌくんの姿が示しています。そのためには、問題行動によってその子の背後に隠れてしまったように見える「〜したい」という願いをどうつかみ、それにどう答えていくか、発達の理解をすすめ、解決の糸口を見つけていきたいものです。

「友だちって いいなあ」の気持ちを 取りもどすために

Mくんの場合

「問題行動」をどうとらえるか②

……集団になじめない子どもたち

家庭で過ごしてきた子どもたちのなかにも、三歳になると保育園、幼稚園に入園して集団生活をスタートさせる子が多くいます。子どもにとって親から離れて過ごすということは新しい体験であり、当然不安も大きく、とまどいもありますが、しばらくすると園の集団生活になじんできます。友だちと関わりたい、同じことをしたい、という発達の姿がこうした集団行動を可能にもします。

しかし、一定の時期が過ぎてもなかなか集団になじめず、集団から離れてしまったり、集団を乱す子どもがいて、保育士研修などに参加すると、そんなときどのように対応したらいいのかをたずねられることがあります。

こうした集団参加について、ゼノこばと園に在籍していたMくんの実践をもとに考えていきたいと思います。

……高機能自閉症と診断されたMくん

Mくんは、おしゃべりもよくでき、うたやセリフもすぐに覚えるような、利発なところのある子どもでした。ことばで会話のやりとりもできるので、お母さんは心配していませんでした。

しかし、三歳で保育園に入ったとたん、クラスから飛びだしたり、友だちとはうまくあそべない姿が見られました。四歳になっても変化は見られず、運動会などに参加できないことが増えました。

このころからお母さんも心配になり、保育園の先生といっしょに医療機関で受診し、そこで高機能自閉症と診断を受けました。

……親子のマンツーマン指導によって

医療機関では、毎日親子がマンツーマンで関わる時間を作るよう指示され、お母さんは一生懸命にそれに従いました。「三〇分くらい泣いても子どもは死なないから」と言われたことを頼りに、Mくんが拒否しても泣いても、二人羽織のように必死でさまざまなことを教えました。その結果、はさみを使えるようになったり、なわとびもできるようになりました。

しかし、このころから困ったことが起こりはじめました。衝動的にはさみで人の髪の毛を切ろうとするなど、人に対して危険な行動をするようになったのです。お母さんと保育園の先生は困って、四歳児クラスも終わりに近づいたころ、こばと園をたずね、相談の結果、保育園に通いながらこばと園に入園することになりました。

こばと園では、集団のなかで子どもたちの力が育っていってほしいという願いのもと、療育を行っています。しかし、入園したMくんは、集団から離れて別室で絵本を読んだりして、ちいさな集団のなかでも力を発揮することが、かなりむずかしそうでした。

……先生を試す行動ばかりするMくん

困ったことが入園一日目から起こりました。先生たちがMくんに「おはよう」と声をかけても、フンと顔を背けるのです。なんとなくすさんだ顔もしています。

そして、その日のうちに園から飛びだすできごとがありました。あわてて先生が探しにいって見つけましたが、連れもどそうとしても聞きいれず、道路に寝ころがって暴れまわりました。しかたなくMくんについていくと、途中で道路に飛びだそうとしたり、溝に落ちようとするなど、先生を試すような行動ばかりします。

……倉庫から出てこないMくん

それからのMくんは、登園してもすぐに、友だちみんなや先生から離れていこうとします。そのうち倉庫に入ることを覚えました。倉庫の中でずっと一人で過ごすのです。

少しでも、他の子どもたちといっしょにあそんでほしい、関わってほしいと思い、倉庫から連れだそうとしたり、働きかけようとすると、ドアを閉めてしまったり、目をつぶって人からの関わりをシャットアウトしてしまいます。

入園初日に飛びでていったことと合わせ、どうもMくんには、猛烈な人への不信感があるように思われました。

先生は、しばらく倉庫でいっしょに過ごすことにしました。何に誘っても興味をもってくれないMくん。何もすることがなく、先生の方が困ってしまいました。お友だちがあそぶのを眺めたり、Mくんに話しかけるだけの日々が、しばらく続きました。

……お母さんのあせり

そのうち、お母さんがあせってきました。あまりにも倉庫から出てこないので、「なんのためにここ（こばと園）にきたの?」「(保育園ならともかく）ここでもみんなのなかに入らないなんて」と嘆き、Mくんをきびしく叱ることもありました。

そうするとMくんは、いきなり外に出て、シャワーで水をめちゃくちゃにまき散らします。「やめなさい」と言われれば言われるほど、やっきになって、部屋の中までびしょびしょにぬらそうとします。そんなMくんと過ごしながら、先生は、途方にくれる毎日でした。

……気になる発達のアンバランス

先生にはもう一つ気になることがありました。Mくんは、ビデオや本から得た知識でいろいろなことを知っています。形や記号もよく覚えていて、カタカナ、漢字の読み書きもできます。特に鳥については、鳥博士になれるほどくわしいのに、本物の鳥には、羽ばたきの音がこわくて近寄れません。また、からだの動きにもぎこちないところがありました。お母さんの話では、まだ三輪車もこげず、好きなあそびもなかなか見つからないようでした。

このような、知的な発達では高い力を見せながら、あそび方を知らない、本物を見るとおびえてしまう、というような発達のアンバランスさが先生には気がかりでした。

つまり、あそび方を知らないので、どうしていいかわからず、ウロウロしたり座っていることが多いのではないかと思ったのです。また、ものを倒したりまき散らすなど、感覚にまかせて行動するようなところがあり、この点がMくんのもっている発達のつまずきだと思いました。

……お母さんとMくんの関係はこじれるばかり

部屋の中で活動しようとしても、倉庫の中に入ってばかりのMくん。お母さんはイライラしてしまい、無理やりでもみんなのなかに参加させようとするので、Mくんとの関係はこじれるばかりです。

先生方は、外でのあそびを中心にしたいと考えました。しかし、外が好きなはずのMくんですが、いったん倉庫に入りこんでしまうと、「出かけるよ」と言っても出てこず、「外は暑いから行かない！」「涼しいところで待ってる」ともっともらしいことを言って、外には出てこようとしません。

ことばをしゃべっているのだから、ことばで説明すればわかるはず、と思い、言い聞かせようとするのですが、「行かない！」の一点張り。無理やり連れだそうとすると手足をばたつかせて暴れ、おんぶをしようとしても、エビぞりになって行きたがらず、先生は困ってしまいました。

……おとなの「やらせよう」という気持ちに抵抗するＭくん

そうしたことを繰りかえすうちに、Ｍくんに無理やりさせようとすればするほど、よけいにかたくなになっていくことがわかりました。やらせよう、連れだそうと働きかければかけるほど、拒否するのです。つまり、おとなの「やらせよう」という気持ちに敏感で、それに反応してしまうのではないかと思われるのです。

先生は、Ｍくんには人への不信感があり、人の働きかけを受けいれることができないのではないかと思いました。

……Ｍくんの本当の気持ち

外には「行かない！」とかたくなに拒否しているＭくんだけれど、でも、本当は行きたいのではないか、先生にはそう思えるのでした。これまで培ってきた障害の重い自閉症の子どもたちの療育のなかから得た確信によるものです。きっと、友だちや先生といっしょの楽しい世界を経験したいのではないか、と思えてならなかったのです。

そこで先生は、肩の力を抜いて、とにかく「行こうかな」とＭくんの気持ちが動くまで、じっくり時間をかけることにしました。同じグループの先生たちも外へあそびに出かけるときは、行った先でMくんがくるまで待つような体制を組んでくれました。

そうしたある日、「行く？」と手を差しだすと、Mくんは手を払いのけませんでした。「今だ！」と思った先生は、だっこやおんぶをしながら出かけることにしました。すると案の定、みんながいる場所に着くと、表情もよくなり、おんぶから降りて、自分なりに散策しはじめました。

……おたまじゃくし取りの体験から

おたまじゃくし取りのときも、「行く？」と聞くとついてきて、池に到着したMくん。他の四人のお友だちはすでにおたまじゃくしを取っています。Mくんはやり方がわからないのか、ふらふらしたり、網やバケツを突然池に落としたりして、お母さんに注意されていましたが、それでもみんなから離れていきませんでした。

「Mくんもおたまじゃくし取ってみる？」とうながしてみたところ、Mくんは力まかせに網を池の中に入れて引っかきまわしました。すると偶然、魚が一匹入ったのです。魚が入っているのを見たMくんはびっくりし、とまどっていました。でも、まわりの先生やお母さんたち、子どもたちが、「Mくんすごい！」と口々に言いはじめたので、Mくんもまんざらではない顔をしていました。

こうした体験を積みかさねていくうちに、少しずつMくんは倉庫から出ていくようになりました。まだみんなといっしょに活動することはできないのですが、それでも先生といっしょなら、気持ちを切りかえて外に出ていくことができてきました。

……先生が肩の力を抜いたとき、Mくんに変化が

おしゃべりをし、一見ことばを理解しているように見えるMくんです。ことに知識も豊富で文字も書けるとなると、おとなのほうは思わずことばで指示したり、無理にやらせようという気持ちが働きます。できるように見えるからです。

しかし、Mくんのように人への拒否感が強い場合、内容はどうであれ、人から「やらされる」こと自体に対しての抵抗感を生むように思います。マンツーマンで指導されてきたころの経験が尾を引いているのかもしれません。

そうしたなかで先生は悩み、困りました。お母さんもあせりました。しかし、ふっとMくんの気持ちが見え、先生も肩の力を抜いて「だめでもいいか」と思えたときに、Mくんの姿に変化が見られたのです。

……人への不信感を取りのぞくこと

また、Mくんはことばを理解しているように見えても、通常の子どもが経験していることを経験していないことがあり、イメージしにくい、見とおしをもちにくいという面もあ

ったのではないかと思われます。からだの動きがぎこちなく、あそびのレパートリーも狭い傾向にありました。それが次の活動に挑戦していく前向きな気持ちを生みにくくさせていたとも考えられます。

人への不信感、新しいことへの恐怖感を取りのぞくこと、そこからがMくんの療育の出発でした。

……「お宝探し」をやってみよう！

一年後、夏のプールあそびを経て、Mくんはずいぶん変わってきました。担任の先生に誘われると、一人で過ごしていた倉庫から出てくることが増えてきました。療育グループの子どもたちともいっしょに活動することができるようになりました。

先生たちは、Mくんもみんなといっしょに楽しむことができるのではないかと考え、どういうあそびがいいか、と毎日療育が終わってから話しあいました。ある先生が「お宝探しならどうかな」と提案し、「やってみようか」ということになりました。

「お宝探し」とは、鬼からの手紙をもらって、手紙や地図を頼りに園の近くの山に登り、宝物を探しにいくという活動です。子どもたちみんながワクワクと楽しみにできる活動なので、こばと園ではときどきこの活動に取りくんできました。

グループのなかで隊長を決め、その隊長が宝物を見つける役になるという約束です。先生たちは朝早くから山に登り、お宝を埋め、埋められた場所に目印の旗を立ててきます。

この取りくみは、なんどか繰りかえし行うことにしました。

……「お宝探し」のなかで

二回目のお宝探しのときです。出かけるまえ、Mくんはどこの山に宝が隠されているか、一生懸命地図を見て、見当をつけているようでした。そして、「灯台のところにある！」と、宝のありかがわかったようです。張りきって一番に山を登っていきました。やはり宝を見つけ、Mくんが旗とともに宝を手にしました。

「Mくんが一番に取ったよ」「すごいね」と、友だちや先生が次々と言ったので、まんざらでもない表情のMくん。きっとうれしかったのでしょう、いつもなら手に持った物をすぐに捨ててしまうのに、この日は目印の星の旗を手に、大事そうに力をこめて宝の入った缶を持って帰りました。

……隊長バッチをつけて

三回目のお宝探しの日です。Mくんは、朝から張りきっていました。

この日は、誰にも何にも言われないのに、毎日の朝の取りくみ、名札配りとあいさつに、自分から参加しました。こんなことは初めてでした。

出かけるまえに先生は、みんなに地図を見せて、「きょうはここに宝があるよ」と話をしました。Mくんは真剣にその地図を見ていました。

前回のお宝探しとは違って、宝が地図のあちこちにありました。「きょうは宝がたくさんあるから、隊長を決めていくよ」と先生は伝え、ピカピカ光る隊長バッチを見せました。番号が書かれたバッチをつけた隊長が、その番号のお宝の旗を取る役目です。子どもたちからワーッと歓声があがり、みんなは隊長バッチに見とれていました。Mくんもじっと見つめています。

「一から五の隊長を決めるよ。どこの隊長をする？」と聞くと、Mくんも「はい！」と手をあげ、「ぼく五番がいい」と言い、五番の隊長バッチをつけてもらいました。

……友だちと気持ちが通じあう

かなりハードな山登りをしながら、お宝探しをしました。Mくんは後ろのほうについて歩いていきます。最初は「しんどい」「疲れた」と座りこんだりしながらも、自分から「先生、手つないでいこ」と言いました。

今回は、五番の隊長になったのがうれしかったのでしょう、一人でダーッと行ってしまうこともなく、みんなといっしょに登っていきました。途中、置いていかれそうになると、「待ってー」とみんなに呼びかけました。みんなも待ってくれたので、うれしそうに駆けあがっていきました。いよいよ五番目の宝のところです。張りきってダーッと宝をめがけて走っていった隊長のMくん。分かれ道ではみんなを待っていてくれました。

帰り道では、「みんな、オレについてこい！」とMくんが言うと、みんなが「オー！」とかけ声をかけました。Mくんと友だちとの、お互いの気持ちが通じあった場面でした。

そして、五番目の宝を見つけると、それをみんなに配り、得意満面のMくんでした。

……自分でお当番の日直を選ぶ

このころから、Mくんの集団活動への参加が、ぐっと増えてきます。毎朝恒例の名札を子どもたちと保護者に配るときも、じっといすに座っていることが増えました。

先生はカレンダーを見せて、「いつにする？」と、みんなに自分でお当番の日を選ばせることにしました。子どもたちが自分で決めることを大事にしたかったからです。

Mくんは、最初は、やりたい気持ちがありながらも、恥ずかしがってなかなか選べませんでした。しかし、最後の最後で「この日かこの日、どっちにする？」と選ばせると、「この日」と自分で選びました。

……集団の役目を果たせるようになって

Mくんが自分で決めたお当番の当日。朝、家でお父さんと「絶対、お当番をする」という約束をしてきていました。

ところが本番になると、「恥ずかしい」「やっぱりしない」と言いだしたのです。しばらくしてお母さんが、「じゃあお母さんが、おとなの名札を配るよ」と、Mくんに代わって配りはじめました。すると、お友だちの名札だけならと、Mくんが自分から配りはじめたのです。

みんなはMくんが配ってくれるのを楽しみに待ち、それぞれ「ハイ」と返事をしながらもらってくれました。Mくんは、「ぼく、おとなの名札も配ってみようかな」とつぶやき、結局みんなの名札を配ることができました。

初めて、Mくんが集団のなかで力を出しきった場面でした。お母さんは、Mくんもみんなといっしょにできるようになってほしいと願いながら、それができないことにあせり、親子の関係がむずかしくなった時期もありました。そうしたことがよみがえったのでしょう。お母さんも目をうるませていました。Mくんの変化を、お母さんとともに、みんなが実感したひとときでした。

……大きくなる自分に期待をもって

学校に入る時期が近づいてきました。大きくなる自分や学校に対する期待の気持ちをもたせたいと思い、園では学校ごっこの取りくみをしました。

Mくんは、朝からランドセルを背負って登園し、大好きな先生たちに見せてまわっていました。Mくんは、すっかり一年生になったつもりになっていました。そうして、Mくんは学校へと巣立っていきました。

……友だちといっしょが嫌いなわけではない

Mくんは、三歳で保育園に入園しましたが、なかなかなじめずに過ごしました。クラスの部屋から飛びだしたり、ときには友だちにはさみを向けるなど、マイナスの行動ばかり見せていました。

Mくんのように集団のなかでの「問題行動」を頻発させている子どもさんに、ときどき出あいます。このようなケースは、おとなやまわりの子どもたちにとって困った行動をするため、ややもすると、友だちといっしょにいたくないのではないか、集団で活動することは無理なのではないかと思われ、ずっと友だちとは別の部屋で過ごしている子どももいます。

しかし、Mくんの取りくみを通して、決して本人は友だちといっしょに過ごすことをいやがっているわけでも、困る行動をしたいわけでもないということに気づかされます。

ただ、無理やり集団のなかに入れようとか、強制してやらせようという雰囲気を少しでも感じとってしまうと、倉庫の中から出てこないという行動を見せるMくんでした。それだけ、人や集団に対しての不信感があり、そこにアンテナを張っていたのでしょう。

……集団のなかで、Mくんのいい姿を見せる

でも、こばと園の先生たちは、きっと「みんなのなかでいい自分を見せたい」という願いがあることを信じていました。倉庫の外に「行きたい」とも言わないし、誘うと「行かない」とも言うけれど、本当はみんなと同じようにあそびたいのだと。閉じこもっていた倉庫の中でも、「きっとやってくれる」と、Mくんを信頼しつづけました。

同時にまわりの集団が、「すごいね！　がんばれ」と相手を認めたり、励ましたりすることができる集団として育っていくことを信じて待ちました。集団のなかで傷つき、マイナスの経験を積みかさねてきたからこそ、集団のなかで、Mくんのいい姿を見せ、「友だちっていいなあ」の気持ちを取りもどす必要があったのです。

……いい「きっかけのひと押し」が必要な場面も

先生たちは、決して強制して何かをさせるようなことはしてきませんでした。しかし、ただMくんがやりたいようにさせるのではなく、少しだけ強くMくんにアプローチしたこともありました。

たとえば、先にあげた朝の名札配りのときです。いやがっていたり、恥ずかしがってい

るMくんを目の前に、「こんどもだめかな」「ここで強く迫ると、また元の木阿弥かな」という気持ちがチラッと働いたのも事実です。しかし先生には、そのころ育ってきた発達の姿をもとに、「Mくんだったらできるよ」という思いがあったのです。

そこで、お母さんがきっかけをつくってくださり、それが「ひと押し」になって、Mくんはみんなの前で配ることができたのです。強制はさせたくない、でも強制と紙一重のところでこのようなひと押しをすることが必要なときもあるのです。そこがとても微妙でむずかしいところです。

……善意の「ひと押し」がおとなの都合になっていないか

Mくんが入園当時感じていた人への猛烈な拒否感は、「やらされる」ことから生じていたものです。ややもすると、こうした「きっかけのひと押し」が強制になりかねません。ですから、非常にていねいな対応が求められているのです。表面的な困った行動ばかりに目が向くとき、ただただその行動に振りまわされてしまうか、困った行動をやめさせようとするか、どちらか一方に偏った関わりになってしまいがちです。

「学校に行ったときに困らないように」と、困った行動をやめさせる、できることを増やしていくという方向で働きかけることもあります。

しかし、たとえ「よかれ」と思う善意からのものであっても、それはおとな側の一方的な願いだったり、おとなの都合だったりする場合もあるように思います。

子どもは、「いい自分を見せたい」と思うからこそ、過去の体験を引きずりながらも、「できるかなあ」「また叱られるのでは」と揺れているのです。そんな子どもの気持ちを理解しつつ、いい「きっかけのひと押し」ができるかどうか、そこがとても重要な点だと、Mくんの実践のなかから学びました。

……子どものことを話しあえる保育者のゆとりが必要

しかし、今の保育現場では、こうした子どもの気持ちをはかりながら、「きっかけのひと押し」のタイミングをつかむだけの余裕をもてる状況にないのも事実です。

待機児解消の施策によるクラス規模の増大が、そのことをますます困難にしています。子どもの気持ちが見えるためには、子どもとの距離がある程度近いことが必要です。また、おとな同士、たくさん子どものことを話しあえるようなゆとりも必要です。

複数の保育者の目と手で対応できるように条件が整備され、すべての子どもたちが、「友だちっていいなあ」の気持ちを実感できる、そんな保育がすすめられていくことを心から願っています。

幼児期にこそ充実した対応を

まとめ

発達障害が犯罪に結びつくことはない

先日相談室で、Nくんのお母さんが次のように話しながら、ハンカチで頬をぬぐいました。「先生、うちの子、犯罪をおかすのでしょうか。最近の事件を見ていると心配で」。

Nくんは学校で、ちょっとしたことで腹をたてて友だちを殴ったり、物を投げたりするので、そのたびにお母さんが学校に呼ばれるとのことでした。この間は、学校の先生の眼鏡を壊してしまい弁償をした、とつらそうに話していました。Nくんのこういう行動が重なると、心配でたまらない、ということなのです。

長崎で起きた幼児殺害事件の加害者の少年に発達障害があると報道されたとき、このようなお母さんからの悲痛な相談が相つぎました。

しかし、多くの人が言っているように、発達障害があることが犯罪に結びつくことは決してありません。長崎のような事件は、非常にまれなものです。しかし、その特異性ゆえに注目されることになってしまうのです。

もちろん被害者の方の尊い命や心、からだに受けた被害の大きさを思うと、やりきれなくて、二度とこのような事件が起こらないように私たちは何をすべきかを考えるべきだと思っています。

適切な対応がされないことによる「二次障害」

児童精神科医師の杉山登志郎氏は、事件を起こす少年少女たちのほとんどが、障害の未診断、未治療であることの事実とその問題をあげています。つまり、事件を起こすまで、発達障害があったということを、本人はもちろんのこと家族や教育、保育の関係者が気づいていないため、対応がまったくなされていないのです。適切な対応がなされなかったことによる「二次障害」の影響が大きいのではないか、ということです。

私はこうした識者の意見を伝え、お母さんがNくんの障害を受けとめ、なんとかしようと思っていることの意味は大きいと話しました。

二次障害を食いとめる責務

「二次障害」とは、もともとの障害のせいではなく、その後の環境や関わりのなかで出てきた情緒的なこじれや、人への不信感がもとになって年齢を重ねるなかで起こるさまざまな不適応行動のことを指します。もとは、肢体不自由の方の骨の変型や拘縮が年齢とともに出てくるという意味で用いられていましたが、発達障害児者の場合においても用いられ、最近問題になっています。

つまり、発達障害があるからこのような行動を起こすのではなく、不適切な対応が重なって起こってきたものなのです。それは食いとめられるし、食いとめないといけない責務が行政や私も含めた関係者にあるということです。

早期療育が発達の可能性を高める

私は大学卒業後、滋賀県大津市で発達相談員として働きました。この市は、四か月の健診時、ボイタ法という診断方法で脳性まひの早期発見を行い、早期訓練を始めることによって、麻痺の程度が軽くなったり、歩行などの移動手段が獲得されていく場合が多いことを報告し、いわゆる「大津方式」として有名になったところです。

また、大津市では、自閉症や知的障害のある子どもたちも乳幼児健診で早期に発見し、早期からの療育を通園施設のやまびこ園・教室で開始し、その後保育園や幼稚園の取りくみと連動して子どもたちが発達の可能性を高めていく実践に触れてきました。

このような取りくみは全国各地で行われ、親が気づくまえから、あるいは障害が診断されるまえから療育や発達支援が開始されることの意味が、大変大きいことは周知の事実となっています。杉山氏も、こうした乳幼児健診のシステムは、他の先進諸国にはない日本が誇るべきシステムだと述べています。

子どもに合わせて子育てを見なおす

そして、こうした早期発見や早期の発達支援は、子育てのしにくさや心配を抱える保護者を支えるという点で、大きな役割を果たしています。自分の子どものことを知ること、子どもに合った関わりや環境を考えること、これは障害をもつ子どもだけでなく、すべての子どもの育ちにとって必要なことです。

ときには、子どもに合わせて子育てを修正することも必要です。私自身の子育ても、子どもの保育園や学校の先生の助言で見なおしながら今に至っています。また、「お母さん、よくがんばっていますね」というひとことが、子育ての疲れをいやし、自信をもたせてもらうことにもなりました。

このような子育てへの応援や軌道修正のための関わりをまわりからもらうことで、だんだんオンリーワンのわが子との関係を深めていく、あるいは安定させていくのだと思っています。

不適切な対応は子どもにとってマイナス

発達障害のある子どもたちの場合、ちょっとした環境の変化や子どもへの不適切な対応がマイナスに影響し、人に対しての不信感や自分を否定することにもなりかねない、そんな発達の基盤の弱さをもっている場合もあります。

ですから、保護者ができるだけ早く子育ての心配ごとを出すことができて、ときにはがんばりを支持され、あるいは修正の助言もしてもらいながら、子どもとの関係性を深められるような応援が必要ではないかと思います。

こうした子育ての応援と合わせて、子どもの生活、あそび、学習を、発達に応じて保障していくことが、「二次障害」を防ぐことになるのだと思います。

早期発見と対応の後退が心配！

ところが今、各地で、地道な努力や自治体の施策としてすすめられてきたこの障害の早期発見と対応の取りくみが後退してしまうのではないかという、大変心配な状況が生まれています。

一つは、早期発見に重要な役割を担っている乳幼児の健診事業費が、一般財源化されたなど、早期発見に関する施策の問題です。自治体で行うという責務は明示されていますが、事業実施のための財源が、補助金ではなく一般財源のなかに含まれることになると、そのための事業費は自治体の裁量にゆだねられることになります。ですから、財源があるかないか、自治体の上に立つ人がこういう問題に熱心かどうかで、その内容に地域差が出てしまうことが予想されるのです。

これまでも、この分野は地域格差が大きいと言われてきましたが、それがもっと広がることが心配されます。なかには、財政事情から、乳幼児健診を今までのようなやり方でできないところや、民間委託になるところも増えるのではないかと心配されています。先に紹介した大津市の四か月健診も現在は医療機関委託になっていますが、その水準を落とさないよう関係者の間で健診システムの充実へのとりくみがすすめられています。きちんとした財源が保障され、どの市町村に住んでいても安心して子育てのできる環境をつくることがのぞまれます。

さらに、前にも紹介した「障害者自立支援法」や施設の利用契約制度の動きです。

お金で買わなければサービスは受けられない

これらの動きは、幼児期の療育にとって見過ごすことのできない問題を含んでいます。

一番の問題点は、利用契約制度と応益負担という考え方が、幼児期にはなじまないという点です。つまり、極端に言うとサービスをお金で買う、あるいはお金で買うと表明しなければサービスが受けられないという考えが幼児期の子育てのなかにもちこまれたということが大きな問題です。幼児期は、発達の姿も障害の様相も大きく変わる時期だという特殊性が考慮されずに、幼児期にも適用されてしまったのです。

早期療育を受けようと思ったら、お母さんがわが子に障害があることを認めなければならなくなるのです。成人障害者の場合、サービスを受けるためには審査を受け、障害程度区分の判定を受けるという複雑な手続きが必要なのですが、それが、幼児期の子どもたちにも適用される可能性があるのです。この考え方は、早期発見、早期対応の考え方を根本から崩すことにもなりかねない問題をはらんでいると言えます。

障害の判断がしにくい幼児期

たとえ、子どもの育ちに心配はあっても、障害があるとすぐに判断したくないのは、親として当然の気持ちです。しかし、子どもの発達の面からは、療育が必要なこともあるのです。ことに、本書で取りあげている子どもたちの場合は、幼児期には障害なのか、一時的な環境の問題なのかを判断できない場合も多く、また、必ずしも障害として診断されなくても、育ちのうえでの心配や困難のある場合があります。そのなかで、お母さん方は揺れながら少しずつ、子どもにとって必要なことをしていこうと思われるようになるし、その気持ちを支えていかねばならない時期です。

費用負担が治療・療育を遅らせるのでは？

保育園や幼稚園の先生方は、そういうお母さん方の悩みに直面しています。費用負担が必要となれば、サービスの利用をためらう方が出てくることも考えられます。私の居住地である岐阜も、児童デイサービスの多い地域であり、心配の声が広がっています。

不況や経済不安のなか、しかもちいさな子どもを抱えた親は、経済的にも余裕がない場合が多く、生活を切りつめてローンや家賃にあてているという話もよく聞きます。

子どもにとって必要な治療や療育にお金がかかるとなると、無理にすすめられないことも出てきます。保育園や幼稚園の先生方は、お母さんやお父さんとの信頼関係をつくって、ていねいにお話をしながら、専門機関や療育につないでいくということをよくうかがいます。しかし、もし経済的な余裕がなければ、いくら信頼する保育士さんからの勧めであってもそれを受けいれるのは、むずかしいことになります。

「育てにくさ」には応援が必要

子どもに育てにくさがあった場合、それが障害を背景にしたものであれ、あるいは環境や子育ての仕方を原因とするものであれ、お母さん一人だけでは手に負えるものでなく、応援が必要です。いち早くそうした育児の負担感や心配に対応して、お母さんの肩の荷を軽くすることが、お母さんと子どもとのいい関係をもたらすのです。

逆に、子育てに心配があったり、育てにくい問題を抱えたまま、そのお母さんのがんばりだけで乗りきろうとする場合、親子の関係にもぎくしゃくしたものが出てくることが考えられます。そして、多くの場合、お母さんは自分を責めるがあまりに、余裕のない関わりが進行し、ときには子どもに不適切な対応をしてしまうこともあります。

無料、安価で相談や療育を受けられる場を

ですから、一人ぼっちで悩むお母さんをなくしていくには、近くに無料あるいは安価で相談や療育を受けられる場所が必要なのです。

どんなに障害が重くとも、ちいさいころから安定した人間関係のもとで育ち、社会の一員としてあたりまえの生活をしていく人が増えていく世の中にしていく責務が行政や地域にあります。就労し、納税できるおとなになっていく人もいるでしょう。そういう人が増えていくことは、福祉施策により多くの予算を使えることにもつながるのではないでしょうか。

Nくんのお母さんのような涙に触れるとき、心から「大丈夫よ」と言えるように、子育ての応援体制を充実していく必要性を、強く感じています。

あるお母さんからの手紙

あるお母さんからいただいたお手紙を抜粋して紹介いたします。

私の四歳の長男は、まだはっきりと「自閉症」と診断されたわけではありませんが、自閉症の症状はかなりきつく、次のようなことで困っています。

一つは、ことばが理解しにくいため、トイレや外に出たときの公共マナーのしつけができないことです。危険なことがわかりにくいので、目が離せません。なんど言ってもわからず、平気で危険なことやマナーに反したことをやってしまいます。

また、本人は何が欲しいのか、何がしたいのかが親の私にもわかりにくいため、わけもわからず怒ったり泣いたりしてしまうように感じます。

外見だけでは障害がわかりにくいので、公共の場所では親の私が必要以上に緊張します。大きい子をだっこをしていると変な目で見られたりもします。そのため、どうしても子どもを連れての外出を避けるようになるのです。

かぜなどをひいて病院に行っても、言うことを聞かないのでお医者さんも治療がやりにくく、「お母さん、からだを押さえていてください」と看護婦さんに言われます。今はまだいいのですが、もっと大きくなったら、からだを押さえることもできなくなるのではないかと心配になります。

学校に入学後、あるいは卒業後の将来の見とおしが立たないのは不安です。この先どうなっていくのか、親の私たちの死後はどうなるのか、そうしたことを考えると、親の気持ちとしては、ときどきむなしくなります。こちらから問うても返ってこないし、誘っても応じてくれない、言い聞かせてもわかってくれない……しんどくてむなしくてこの先もずっとこういう状態が続くのかと思うと生きていくのもつらくなります。

多くの方に、こういう子もいるのだということを知ってほしいし、認めてほしいのです。子どもは悪気があって問題行動を起こしているわけではないのです。そして、自分の子にこういう障害があるとわからないまま、子どもの行動に悩んでいる保護者の方、一度わが子を見つめなおしてあげてください。

このお手紙を読んで、早くにお返事をと思いながら、お母さんのお気持ちに十分お応えすることばが見つからないまま、今に至ってしまいました。

保護者との共通理解のむずかしさ

よく保育者からうかがうのは、お母さんに子どものことをわかってもらえない、障害を認めてもらえない、という悩みです。もちろんその背景には、早く専門機関を紹介することによって、より早く子どもによりよい対応をしていきたいという、子どもへの思いがあると思われます。

私も発達相談の場で、幾度となくお母さんに、子どもさんへの療育の必要性や障害児保育加配のための認定の必要性を説明する、あるいは就学先を決める際に、子どもさんの障害についてお話をする機会がありました。ときには、親御さんと意見が合わず、どうしたらいいのかと悩んだこともあります。

このお母さんのお手紙を読んで、改めてこうしたお母さんの思いにどれだけ近づき、どれだけ家での子どもさんの姿、子育てのご苦労をわかったうえで話してきていたか、と自分に問うています。

子育ての不安を軽減する方向で診断を

カウンセリングでいう「一致」ということとも関係すると思うのですが、お母さんの思いや体験に近づき、支援（話の内容）の焦点が親御さんの気持ちに沿うようになり、「この先生ならわかってくれる」という信頼感が生まれることが必要です。

お母さんが生きていくのがつらくなる、と思われるような現実の重さを考えたとき、今、「おたくの子どもさんは○○障害ですよ」「お母さん、子どもの障害を認めてください」と言ってもいいのか、ということになります。

一方で、子どもがなぜこのような行動をするのかを理解し、子どもとのよりよい関係をつくり、子どもの発達を保障していくうえでは、早い時期に障害を診断あるいは判断したほうが望ましいことも事実です。

つまりここで何より大切なのは、お母さんの子育てのしにくさや不安を軽減する方向性に沿いながら、障害の診断が行われるということなのです。

共感しあいながらいっしょに考える関係

そういう意味で、私も含めて専門職は、お母さんといっしょに考えていくための力や素養を磨いていく必要があると思うわけです。同時に、療育や保育のスタッフは、保護者と子どもをともに育てていく役割を担っています。子どものいいところ、かわいいところを共感しあいながら、いっしょに考えていくことが、より子どもを育てていくうえでよりよい関係をつくりだしていけるでしょう。

子どもの障害を受けとめるには期間と支えが必要

お手紙をいただいたこのお母さんや、私が出あう親御さんのなかには、最初は子どもの障害を受けとめることをためらい、涙を流されていたのが、しばらくすると、こんどは、若いお母さんの心強い味方になっていることがあります。

私が岐阜でおつきあいをしている、みんなのねがいの会やアスペ・エルデにじの会など親の会のお母さん方も、最初は子どもを抱えて不安でいっぱいのようすでしたが、今では子どもたちの地域づくりのためにＮＰＯ法人を設立するなど、とてもすてきなパワーを発揮しています。

このように、お母さん方の子どもの障害の受けとめは一様ではなく、納得するための準備期間と周囲の支えが必要です。そして、周囲にいる私たちは、それを乗りこえられたお母さん方の人間的な大きさに触れることも多いのです。

心は熱く、しかし冷めた頭で

社会福祉学者の加藤薗子氏は、福祉の専門職にとって必要なのは、「心は熱く、しかし冷めた頭で」と述べています。

多くの保育者の方は、子どもや家族をなんとかしたい、という思いをもっています。子どものことを話しだすと何時間でも生き生きと話す熱いハートをもつ先生にときどき出あいます。しかし、それと同時に、深い洞察と科学的な判断が必要なのではないかというのが、この「心は熱く、しかし冷めた頭で」ということです。

お母さんの悩みに何時間でもつきあうことが必要だと思い、自分の時間を犠牲にして何時間も電話で悩みを聞き、要請があったら日曜日でも出かけていったり、あるときはお母さんが出張先まできて相談をしたこともある、という保育者の話を聞いたこともあります。

一人で抱えこまなくてすむシステムを

もちろん、そのような熱意には敬服します。場合によっては、それで問題が解決することがあるかもしれません。しかし、必要なのは、そうした支援が問題解決にとって的を射ているかどうかという判断です。また、支援する側が、支援の方針をしっかり保てているか、という問題もあります。ややもすると、自分を保つことができずに、支援がうまくいかなくなると、自らを責めてしまい、いわゆるバーンアウト（燃え尽き）状態に陥る場合にも出あいました。

今、地域や家庭に病理現象が広がっているなかで、それに巻きこまれた保育者もいます。熱意や善意はとても大切です。しかし、同時にそれを客観的に見つめる自分の目も鍛えていくことが必要だと思っています。

そのためにも、一人で抱えこみ、一人で責任を感じてしまうことのないよう、それを支える園の体制や巡回相談など、身近に相談できるシステムを充実させる必要性が高まっています。

自分をないがしろにしては支援は成り立たない

保育者は子どものよりどころでもあるとともに、家族にとっても頼りにされる存在です。ことに特別な配慮の必要な子どもの親御さんにとって、担任の先生はとても大きな存在です。

子どもが自分が認められたいと思うのと同じように、親も、家族も、そして支援する保育者も自分が認められたいという願いをもっています。それは、人間として当然のことだと思います。誰もが自分を大切だと思う気持ち、それをないがしろにしては、発達支援は成りたちません。

それぞれの違いを生かし、違いに配慮した支援を

もともと人間はそれぞれ違っています。そして、子どもはその違いを受けいれる柔軟性ももっています。ですから、子どもの違いに合った働きかけがあって当然なのです。たとえば「先生ずるい、あの子だけ」ということばがあるとすれば、そのなかには、「ぼくも見て」「私もさびしい」という気持ちが隠されていることが少なくありません。

同じように、保育者のなかにも、親のなかにも違いがあって当然なのです。それぞれの保育者のもち味を生かした園での活躍の仕方、それぞれの親御さんの個性を生かした子育ての仕方、そしてそうした違いに配慮した支援の仕方があっていいのだと思います。

それぞれのよさを生かすような保育・子育てを

誰にもしあわせになる権利はありますが、その形はさまざまです。何がしあわせか

そうでないかは、ものさしがあるわけではありません。

ところが今、「勝ち組」「負け組」といったことばがはびこり、それが子どもの世界にも影を落としていることは気になる傾向です。保育や子育ての世界に、勝ち負け、競争は相いれないものです。どうもこのことばは、今の弱者をないがしろにした政治の路線とセットに出てきており、お金を持っている人、強いものがよいサービスを受けられる、という制度改革の動向と一致しているようで、私は好きになれません。

どの子どもにも、どの親にも、どの保育者にも、それぞれの価値があり、それぞれのよさを生かすような保育や子育てが求められているような気がします。

保育者は子どもと保護者の一番の応援団

保育者は子どもの発達の最前線にいて、子どもの最善の利益を守り、そして子どもと親の一番の応援団になります。子どもの発達の変化はかけがえのない財産です。どうか、かけがえのないこの仕事に誇りと自信をもっていただきたいと思います。一人ひとりの子どもが、一人ひとりの親が、一人ひとりの保育者が、輝く「日々」を過ごしてほしいと思います。そのためにこそ、ゆとりのある保育や子育て条件の整備がすすむことを切に願っています。

あとがき

一〇年ほどまえに、岐阜県のある養護学校を一年間毎週のように訪問し、一人の先生の授業を見せていただくという機会を得ました。授業は今中学校に勤める白木一夫先生のものでした。

私がこの先生の授業に入ったのは、子どもの気持ちをつかむのがうまく、障害のある子どもたちの親御さんからの信頼が厚いといった優れた先生であるということと、私が所属する全国障害者問題研究会などで実践を提案したり、研究会を引っぱっていく姿勢に共感したからです。

そのクラスでは、一人で歩行ができないなど肢体不自由と知的障害を併せもつ四人の子どもたちが学んでいました。毎回白木先生のリードのもと、子どもたちは楽しく授業を受けていました。

しかし、授業が始まると必ず教室から這って出ていく子どもがいました。Oくんでした。先生たちは教室から出ていくOくんを追いかけて連れもどすのですが、またすぐに出ていくのです。

私は、白木先生から依頼され、Oくんをはじめクラスの子ども全員に発達診断を行いました。お母さん方からもぜひに、というお話でした。そこでOくんと出あいました。

Oくんは私との出あいを嫌がって部屋から出ていってしまうのではないか、と少し心配しながら教室に入りました。しかしOくんは、白木先生といっしょにずっと椅子に座って、私が発達検査の道具を提示するのを待っていてくれました。白木先生が部屋から出ていっても同じでした。私は、発達検査用の赤い積木を積んでもらうようにOくんに指示しました。Oくんは、一生懸命に積木を積もうとします。しかし、手の麻痺が強いため力が入りすぎて崩れてしまいました。それでもまた挑戦します。そこで、私は土台になる一番下の積木を手で支えることにしました。すると、その上に積木を重ねて、積みあげることができました。「積めたね」と私が言うと、Oくんは両手を握ってからだを揺さぶり、よろこぶしぐさをしはじめました。Oくんは、ほめられてうれしい気持ちをからだいっぱいに表現したのです。しばらく他の検査課題にも取りくんで、笑顔で別れました。

この姿をビデオに撮らせていただいていました。このビデオは今でも私の大切な宝物となっています。それは、白木先生たちや私にとって、Oくんの新たな姿や発達の可能性を教えてくれるものであったからです。先生たちは、Oくんがこういう姿を見せたことにびっくりしました。

その後、先生は話しあったことをふまえ、授業やOくんへの関わりの仕方を変えることにしました。たとえば、今までのOくんへの話し方や授業のすすめ方が速かったのではないかという反省から、ゆっくりしたスピードで行うことにしました。先生方は、教材や活動内容もOくんが参加しやすいようなものを毎日検討し、実践しました。それからです、Oくんが授業中に教室から出ていかず、白木先生のそばについて授業に参加することが増えたのは。先生たちが授業のなかで意図したことに応えようとすることが多くなっていきました。そして、まだ意味のあることばにならないけれど、先生に話しかけることも増えました。

残念ながらOくんは、今はいません。その後持病の心臓病が悪くなって、次の年に亡くなってしまいました。しかし、Oくんが輝いて見せてくれた姿は今でも白木先生や私たちの目に熱く焼きついています。

今は亡きOくんが教えてくれたことはたくさんあります。どの子にも発達の可能性があるということ。そして、実践が発達の手助けをするということ。そして、子どもの発達に対するおとなの理解が実践を変え、子どもとの関係を変えていくということです。

確かに保育者やお母さんからの相談を受けたとき、どのように目の前の子どもに対応すればいいいか、迷うことがあります。なかには途方にくれて何もお話できないこともあります。

しかし、それは私のその子どもを見る目が十分でないことを示しているのだと思っています。聾学校教師の竹沢清氏は、「実践は子どもを見る目の深まりによって変わる」ということを述べています。Oくんも今回連載で出あった子どもたちや実践家、お母さんたちも、そのことを強く私に教えてくれました。

発達障害があるために表にそれが見えにくい、あるいは、環境の影響が大きく働いて複雑に見える子どももいます。しかし、子どもたちは、変わりたい、よりよい自分を見せたいという願いを深部にもっています。また、子どもたちの発達を信じぬくおとなたちの手のつなぎあい、そして最善の利益を実現するというおとなたちの心意気によって変わっていく。今は厳しくとも、きっと事態はよりよい方向に変わっていく、そう信じたいと思います。

それを可能にするには、子どもに対してはもちろんのこと、おとなを取りまく支援体制も必要です。おとなもゆったりと余裕がもて、失敗も含めて認めあい支えあうことが、それを可能にするのではないかと思っています。しかし、今の制度改革や効率を優先した流れは、ますますこのことをむずかしくさせています。まるで時代がさかのぼったように「子育ては、お母さんの責任」「障害がある人たちは自分が努力して」と言わんばかりの方向で制度改革がめまぐるしく動いています。保育や福祉の領域で働く人にもゆとりとお互いの支えあいを奪っていくような、そんな波が押し寄せています。

だからこそ、Oくんの輝く姿やこの連載で紹介した子どもたちの発達の姿、お母さんや保育者、学童保育指導員の実践のすばらしさを伝えたい、と思い、この本を出すことにしました。実践を宝に、そしてそれを福祉や保育に直接関係のない人も含め多くの人に伝える武器にしたい。教育基本法に示された一人ひとりの子どもの尊厳を守るためにも、おとなたちが手をつなぎあっていくことが広がればと願っています。

尚、ここで紹介した事例は現場の先生方やご家族の了解をいただいていますが、個人が特定されないよう、内容に変更を加えています。また、用語の使い方として保育所、保育園は「保育園」に統一しました。「障害」については、「障がい」や「障碍」という用語が用いられていることもありますが、さまざまなところで議論されている最中であり、法令や施策、学会等でもまだ変更されていないため、慣例的に「障害」と表記することにしました。

『ちいさいなかま』連載に登場してくれた子どもたち、そして登場してくれることを了解してくださった親御さんたち、さらに実践を提供してくださった先生方に心より感謝致します。また、連載を粘り強く支え、本作りに尽力してくださったちいさいなかま社の利光睦美さんに深く感謝致します。

二〇〇六年六月

別府悦子

引用文献、資料および参考文献

●第一章――別府悦子（2002）「親になること」石川道子・辻井正次・杉山登志郎編『可能性ある子どもたちの医学と心理学』ブレーン出版、P5～8
神田直子（1997）「子どもと親の発達を支援する一時保育―特に子育てが難しい子どもたちの場合―」『季刊保育問題研究』、156号、P78～86
別府悦子・清水章子・谷野佳代子「通常学級に在籍する広汎性発達障害児の学習困難とその対応」『障害者問題研究』Vol.32 No.2 P31～42
別府悦子（2004）「LD、ADHD、高機能自閉症の子どもたち」白石正久他編著『テキスト障害児保育』全障研出版部
近藤直子（1989）『発達の芽を見つめて』全障研出版部
●第二章――別府悦子（2003）『LD、ADHD、高機能自閉症児の発達保障』全障研出版部
●まとめ――杉山登志郎（2000）『発達障害の豊かな世界』日本評論社
茂木俊彦・近藤直子・白石正久・中村尚子・池添素（2006）『障害者自立支援法と子どもの療育（増補版）』全障研出版部

●あとがき――竹沢清（１９９２）『子どもの真実に出会うとき』全障研出版部

●基礎知識――近藤直子（１９８９）『発達の芽を見つめて』全障研出版部

奥住秀之（２００３）「ＬＤ、ＡＤＨＤ、高機能自閉症の基礎知識」別府悦子『ＬＤ、ＡＤＨＤ、高機能自閉症児の発達保障』全障研出版部
中村尚子（２００６）「利用契約制度の福祉では発達を保障できない」『ちいさいなかま』２００６年5月号、Ｐ88～91
田中康雄（２００６）『軽度発達障害のある子のライフサイクルに合わせた理解と対応』学研
全国ＬＤ親の会（２００４）『ＬＤ・ＡＤＨＤ・高機能自閉症とは？――特別な教育的ニーズを持つ子ども達――』
上野一彦・緒方明子・柘植雅義・松村茂治編著（２００５）『特別支援教育基本用語１００』明治図書
近藤直子・白石正久・中村尚子編（２００５）『テキスト障害児保育』全障研出版部
日本ＬＤ学会編（２００４）『ＬＤ・ＡＤＨＤ等関連用語集』日本文化科学社
清水貞夫・中村尚子共編（２００３）『障害者福祉の現状・課題・将来』培風館

別府悦子●べっぷ　えつこ

1959年、大阪府生まれ。

滋賀大学大学院修了。滋賀県大津市役所や岐阜市立恵光学園（嘱託）の発達相談員、愛知県立大学教員を経て、現在中部学院大学人間福祉学部子ども福祉学科教授。

臨床心理士、臨床発達心理士、学校心理士。家族は、夫と高校生の息子、義父母。

主著に、『ＬＤ、ＡＤＨＤ、高機能自閉症児の発達保障』（全障研出版部）。

「ちょっと気になる子ども」の理解、援助、保育
ＬＤ、ＡＤＨＤ、アスペルガー、高機能自閉症児

2006年７月25日　初版第１刷発行
2008年７月25日　　　第３刷発行

著者――――別府悦子

編集――――全国保育団体連絡会

発行所―――ちいさいなかま社
〒166-0001 東京都杉並区阿佐谷北３−36−20
TEL 03-3339-3902（代）
FAX 03-3310-2535
URL http://www.hoiku-zenhoren.org/

発売元―――ひとなる書房
〒113-0033 東京都文京区本郷２−17−13　広和レジデンス101
TEL 03-3811-1372
FAX 03-3811-1383
Email:hitonaru@alles.or.jp

印刷所―――光陽メディア

ISBN978-4-89464-095-5 C3037

表紙＆本文イラスト――近藤理恵
上條かおり

ブックデザイン―――阿部美智（オフィスあみ）